李瑞清手札精粹

張大千研究叢書—手札篇

曾繁滌　編

上海書畫出版社

圖書在版編目（CIP）數據

李瑞清手札精粹 / 曾繁滌編. --上海：上海書畫出版社，2018.8

（張大千研究叢書・手札篇）

ISBN 978-7-5479-1833-3

Ⅰ.①李… Ⅱ.①曾… Ⅲ.①李瑞清（1867-1920）-書信集 Ⅳ.①K825.46

中國版本圖書館CIP數據核字(2018)第159859號

李瑞清手札精粹

曾繁滌 編

責任編輯 張恒煙
審　　讀 雍　琦
責任校對 朱　慧
封面設計 錢勤毅
技術編輯 錢勤毅

出版發行 上海世紀出版集團
　　　　 上海書畫出版社
地　　址 上海市延安西路593號 200050
網　　址 www.ewen.co
　　　　 www.shshuhua.com
E-mail shcpph@163.com
製　　版 上海文高文化發展有限公司
印　　刷 浙江海虹彩色印務有限公司
經　　銷 各地新華書店
開　　本 635×965mm 1/8
印　　張 16
版　　次 2018年8月第1版
　　　　 2018年8月第1次印刷

書號 ISBN 978-7-5479-1833-3
定價 210.00圓

序

李瑞清（一八六七—一九二〇）是中國近代美術史、美術教育史上一位重要的人物，他在書畫史研究、書畫創作及教育上都有一定程度的開拓性意義。作爲金石學家與藝術史家，他繼承了金石學的碑帖鑒賞、書體考證傳統，首次將甲骨文、金文納入中國書法史的系統，并依據歷代金石銘文的視覺特徵來考證古代書法史的發展演變，使中國藝術史學具有了迥別於前人的現代性格。在書畫創作上，他探索了呈獻金文古厚、遒曲特徵的用筆，對歷代篆、隸、草、正各體書法進行了區別源流、劃分派別的臨摹實踐，并將其金石筆法、結構心得與繪畫相匯通，是其學問研究向書畫創作的轉化，具有重要的研究價值。作爲美術教育家，李瑞清不僅在高等教育中開創了圖畫手工科，還以一種史學家的眼光培養書畫家，使他們的實踐具有系統性的歷史整理特徵，胡小石、李健、張大千即出自其門下。

作爲近代美術史上如此重要的一位人物，學界對其研究尚未充分展開。究其原因，首先是研究資料的嚴重缺乏。關於李瑞清最直接的文獻資料《清道人遺集》，民國時鉛印出版，臺灣文海出版社『近代史料叢刊』系列收録影印，然而鉛印本與臺灣影印本皆傳佈不廣。大陸地區直至二〇一一年纔出版《清道人遺集》的點校本（黄山書社）。《遺集》是李瑞清歿後，由其弟子搜集其詩、文、題跋、書信等墨迹資料，再分類整理編輯而成。因此，實際上《遺集》所包含的，是李瑞清一手文獻資料中的很小一部分，對於李瑞清學術、藝術、教育思想的研究是嚴重不足的。在藝術史的研究中，史料的挖掘總是多多益善的。目前公、私收藏，及書畫拍賣市場上還存在着大量的李瑞清詩文、題跋、信札等各種形式的原迹，尚未得到甄別、整理、發表的工作，這就無法爲學者提供進一步研究的條件。從這一意義上來看，《李瑞清手札精粹》的出版，將會在《清道人遺集》的基礎上邁出具有里程碑意義的一步。

信札是文人間交往的物質痕迹，記録了與書寫者相關的歷史事實，能够最直接地反映出其思想觀念，甚至是當時的情感與心態。收入此册的李瑞清信札，多數未經公開發表，無疑能够爲研究者提供全新的資料與視角。例如在致哈少甫的信札中記録了爲哈少甫題跋拓片、提供金石考據成果的內容，又有請哈少甫爲陶瓷鑒定、估價之事，體現出兩人各自的專長所在，又是金石書畫家與鑒藏家交游的生動例證；在致蔣國榜的信札中又透露出當時爲人作書的具體情形，如對於書體、風格的選擇，創作的過程、細節，收取筆資的原則（對於蔣氏親友及他所介紹的人照常收取，對蔣氏本人則不再收取）等等，是研究民國時期書畫潤例的極好材料。當然，書中還有更多具有文獻價值的材料，等待研究者的發掘和利用。

作爲原迹的高清度影印，本書的意義不只是提供了新鮮的一手資料，還具備了信札一類專題作品集的性質。衆所周知，李瑞清作爲碑學書法家名世，他的書法實踐系統地從金文大篆、隸書、北碑起步，一生都在系統臨摹、仿作各體金石銘文，『每作牋啓，則見困躓』，曾農髯笑之爲『戴礰而舞』。因此晚年居滬上時，沈子培勸其『納碑入帖』。信札作爲李瑞清流傳墨迹中一個獨特的類別，既體現出李瑞清最本真的日常書寫狀態，又爲研究李瑞清『碑帖分途』的書學思想、『納碑入帖』的書法實踐提供了最直觀的圖像資源。書中收録的李瑞清信札，呈現出豐富多彩的風格面貌，說明李瑞清在書寫信札時有明顯的『意在筆先』的風格選擇，如他對『顔體』傳統（顔真卿及受其影響的劉墉、何紹基）、北宋黄庭堅、清初石濤、八大山人等古代大師之『體』的模仿，在此基礎上又無法完全剥離他長期的金石、碑學實踐中所形成的用筆、結字、章法的特質。其中藴含的資訊極爲豐富，還需要通過細緻的風格分析進行深入地研究。

王東民　（作者係浙江大學中國藝術史專業博士）

與曾熙等合影　一九一一年攝於北京

自右到左：曾熙、楊仁山、曾憲璵（曾熙長子）、李瑞清

兩江師範學堂優級選科畢業留影　一九一〇年攝南京

李瑞清（前排左十一）

與陳三立等合影　一九一二年攝於上海

李瑞清（右一）、陳三立（左一）

徐園小蘭亭紀念會留影　一九一二年攝於上海
李瑞清（二排坐右六）、吴昌碩（二排坐右三）

淞社同人合影　一九一二年三月初三日 攝於上海徐園雙清別墅前
李瑞清（後排左六）、吴昌碩（後排右二）

目錄

圖版

一　致陳伯陶書　縱二二厘米　橫一二厘米

子礪老前輩學使閣下：昨日未得望見顏色，聞貴體違和，亦已愈否？殊以爲念。敝附屬小學中之中學預

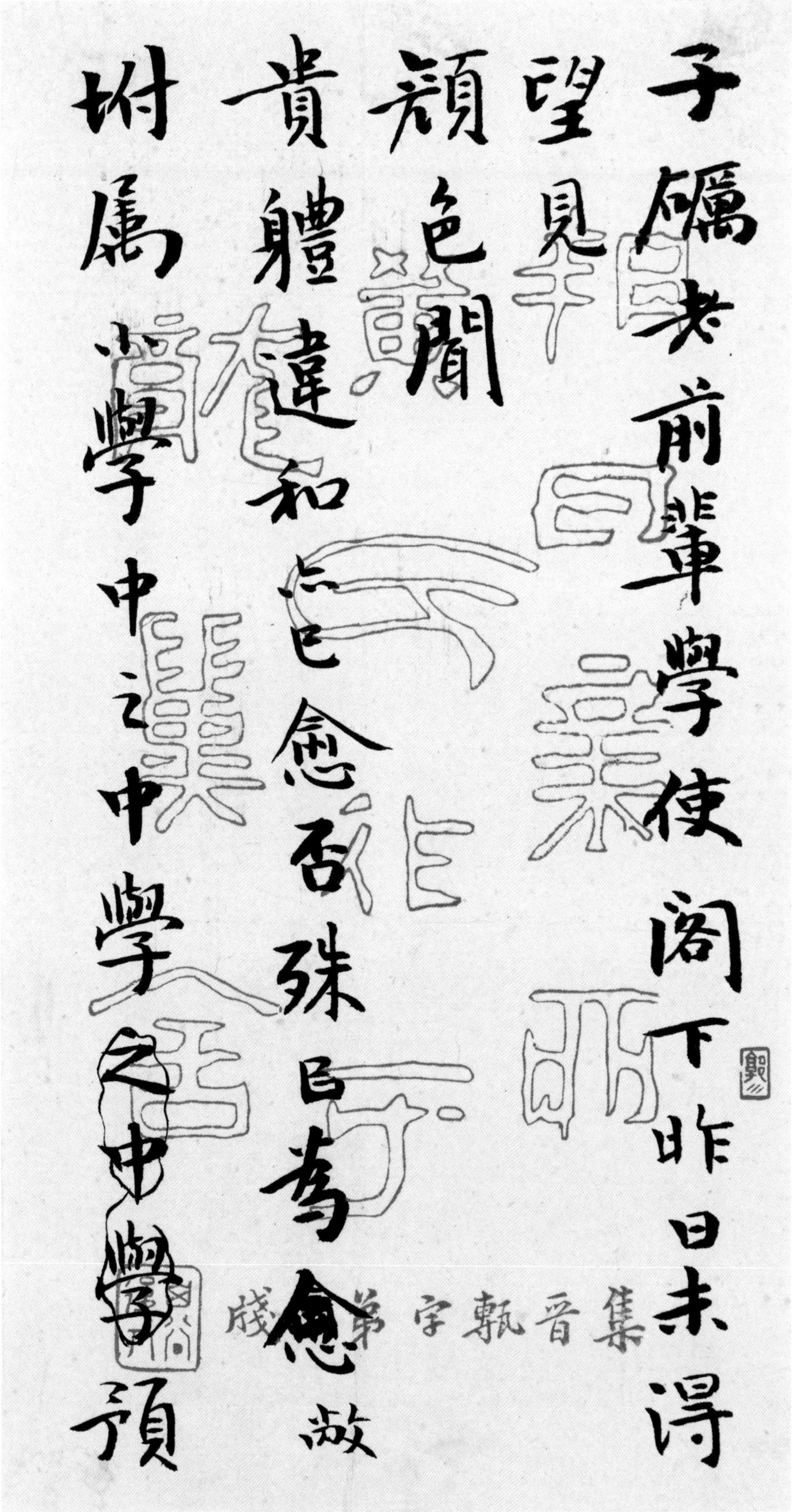
子礪老前輩學使閣下昨日未得望見顏色聞貴體違和亦已愈否殊以爲念敝附屬小學中之中學預

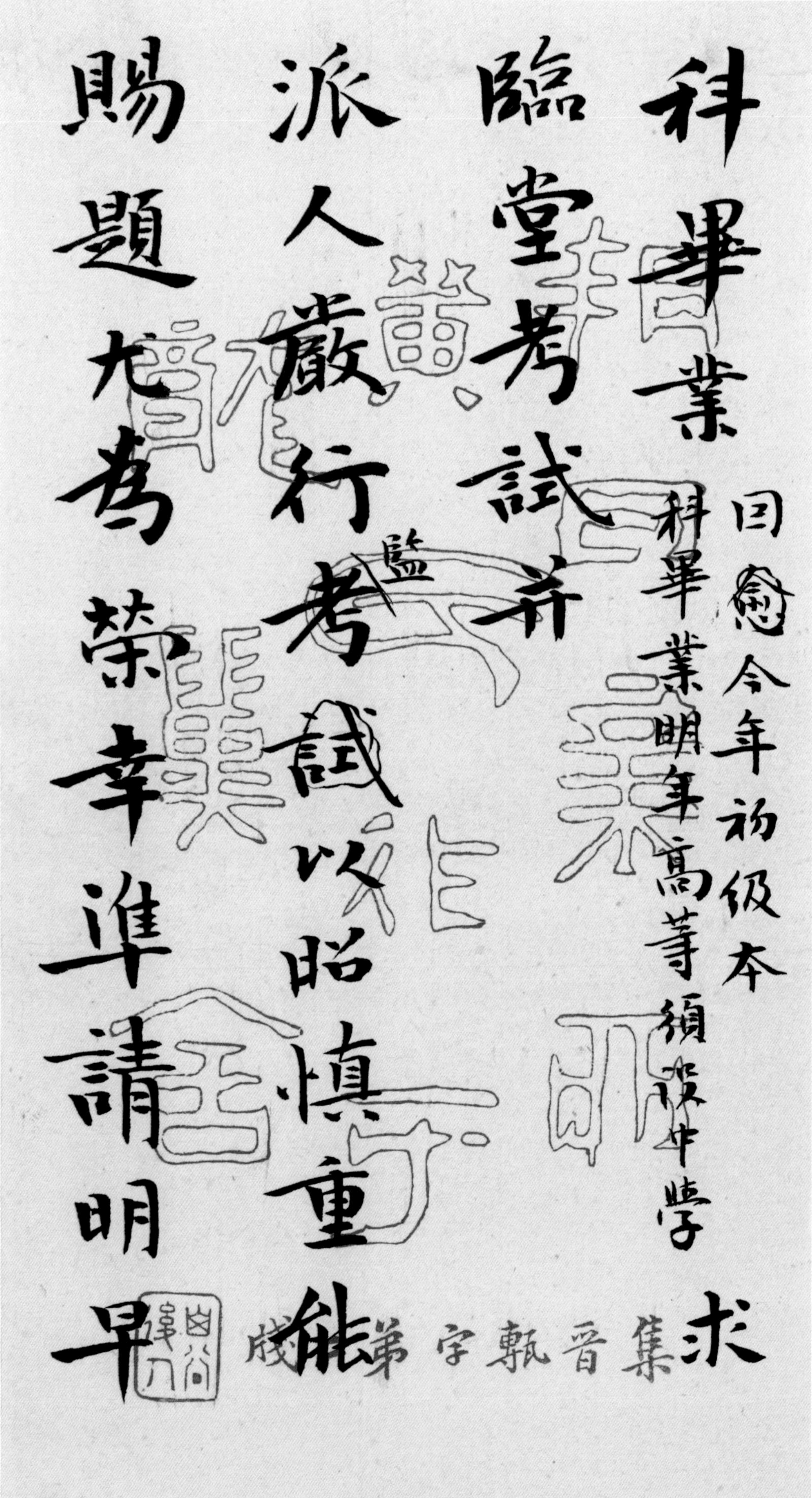
科畢業（因今年初級本科畢業明年高等須設中學）求臨堂考試并派人嚴行監考以昭慎重能賜題尤爲榮幸準請明早

科畢業（因今年初級本科畢業，明年高等須設中學），求臨堂考試并派人嚴行監考，以昭慎重，能賜題尤爲榮幸。準請明早

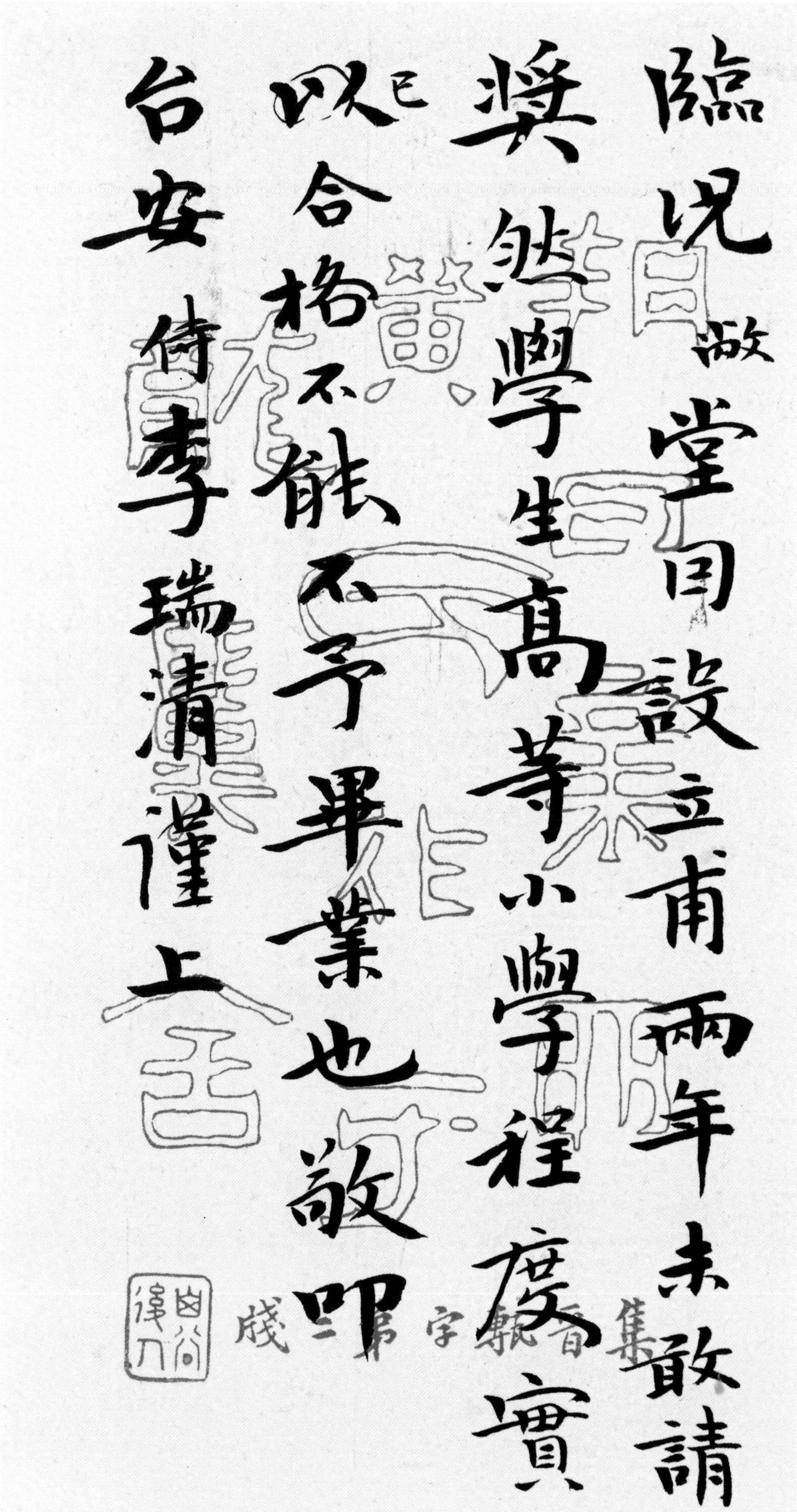

臨。況敝堂因設立甫兩年，未敢請獎，然學生高等小學程度實已合格，不能不予畢業也。敬叩台安，侍李瑞清謹上。

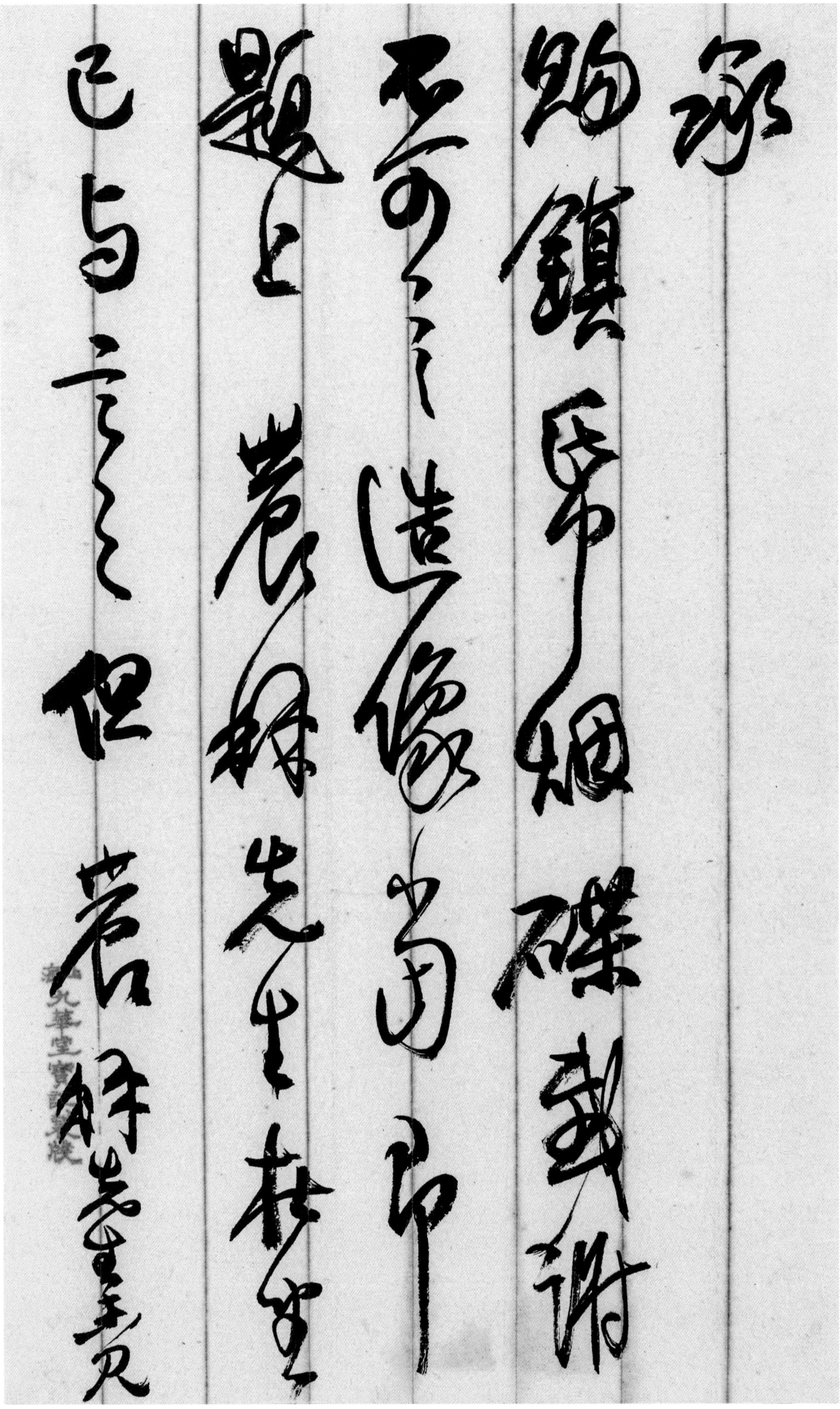
承
賜鎮紙煙碟感謝
不可言造像當即
題上農髯先生在坐
已與言之但農髯先生未見

二　致哈少甫書　縱二六厘米　橫一六厘米

承賜鎮紙、煙碟，感謝不可言。造像當即題上。農髯先生在坐，已與言之，但農髯先生未見

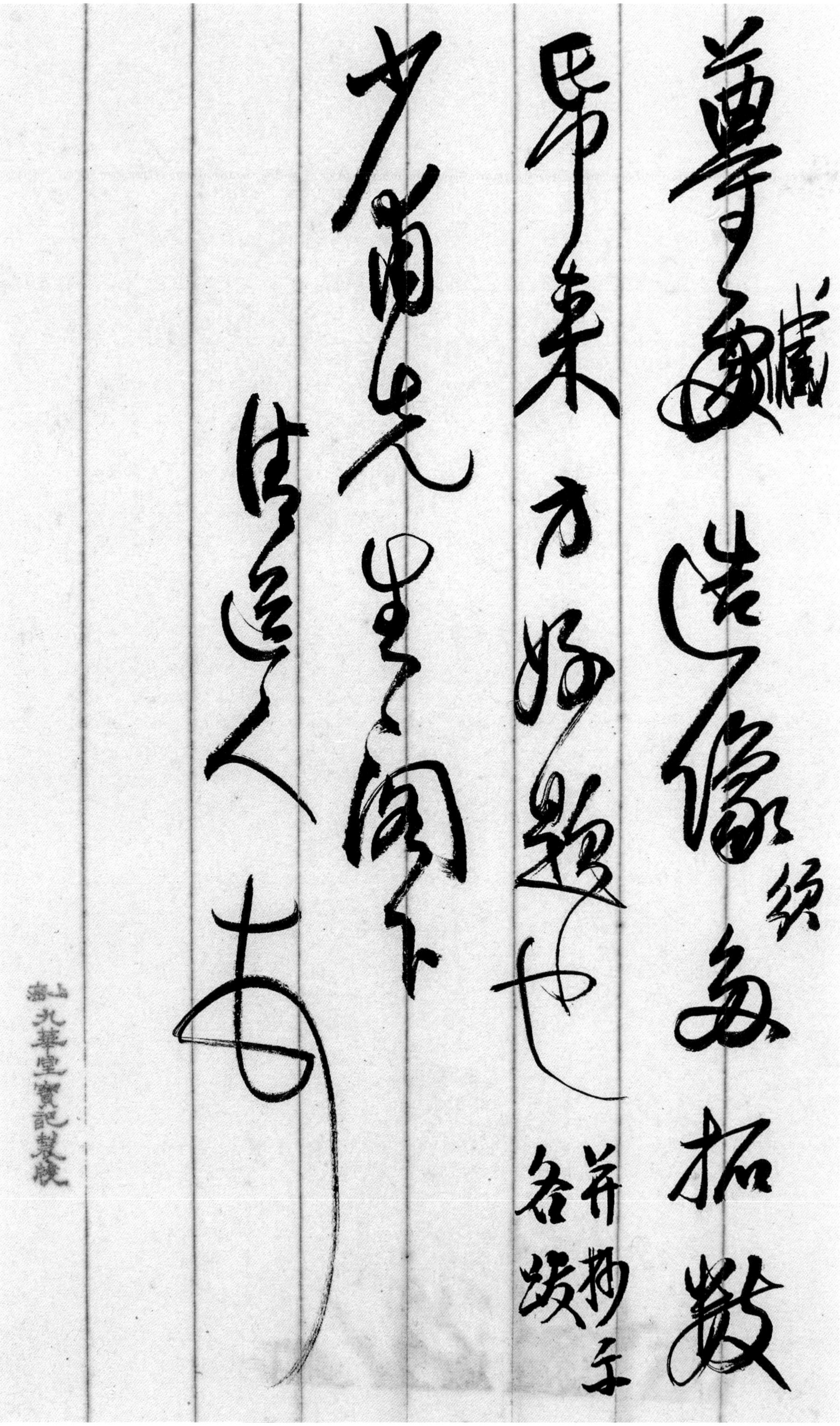

尊藏造像，須多拓數紙來方好題也（并抄示各跋）。少甫先生閣下。清道人頓首。

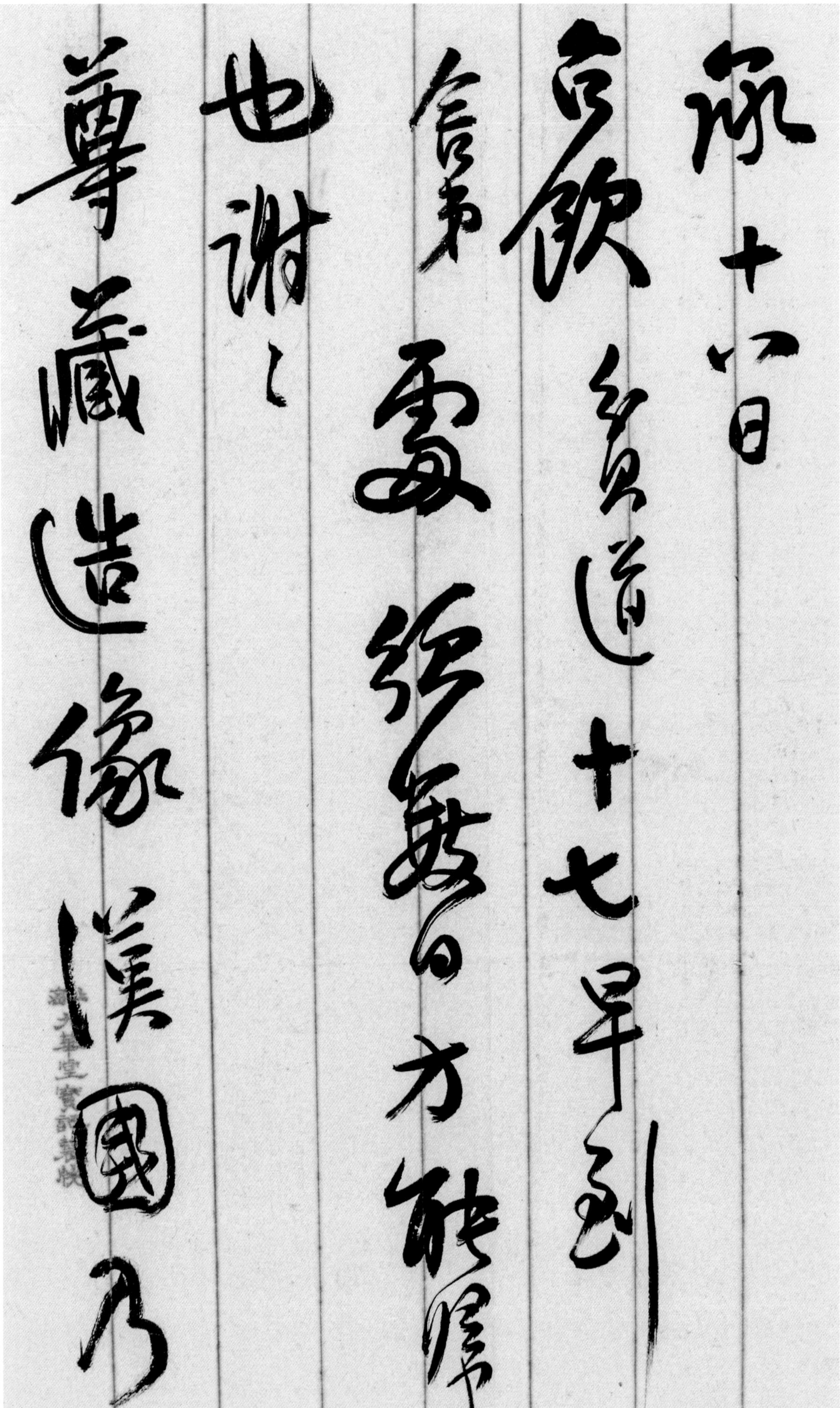
承十八日召飲貧道十七早到舍弟處須數日方能歸也謝謝尊藏造像漢國乃

三　致哈少甫書　縱二六厘米　橫一六厘米

承十八日召飲，貧道十七早到舍弟處，須數日方能歸也，謝謝。尊藏造像，漢國乃

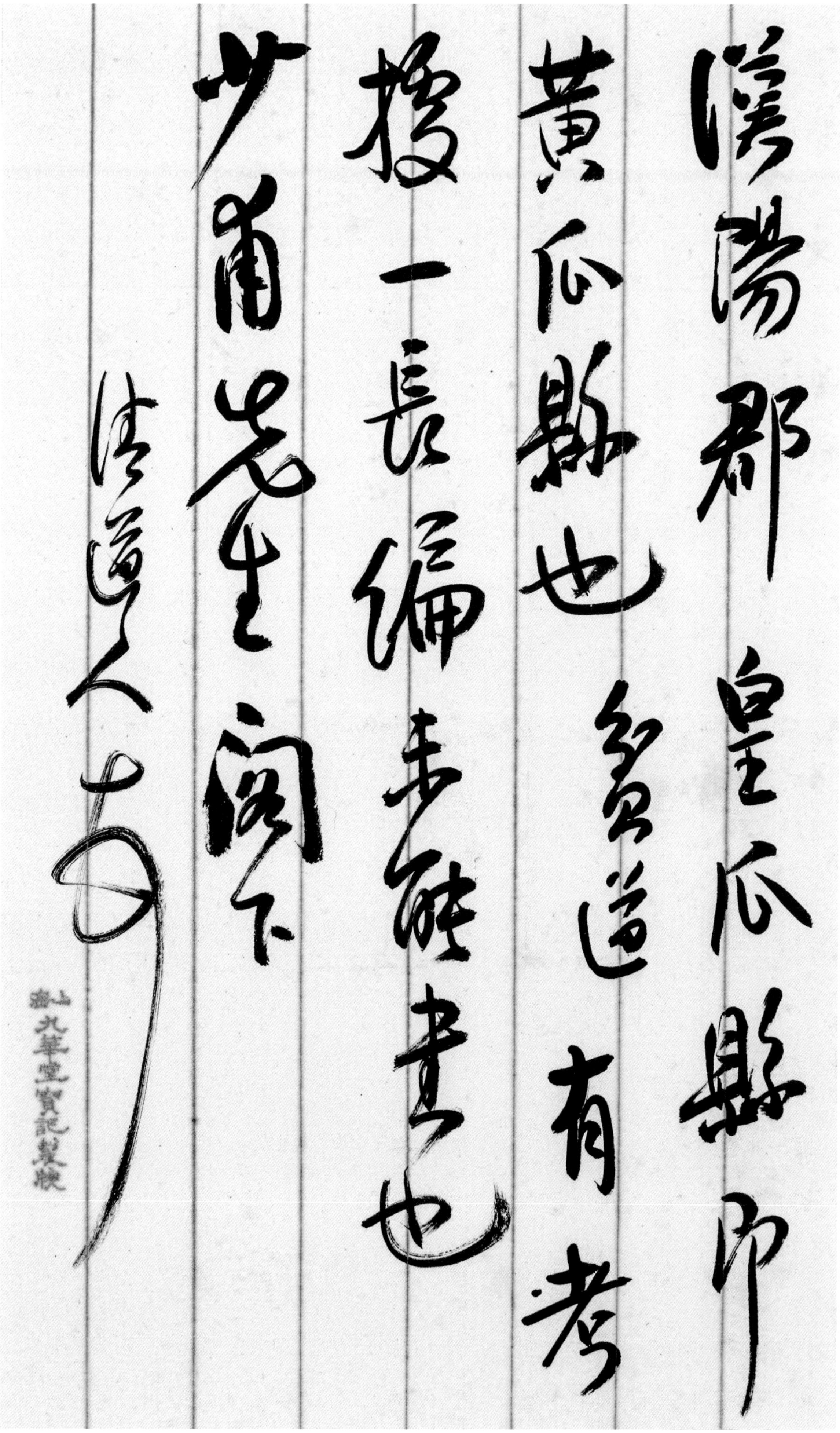

漢陽郡，皇瓜縣即黄瓜縣也。貧道有考據一長編，未能書也。少甫先生閣下。清道人頓首。

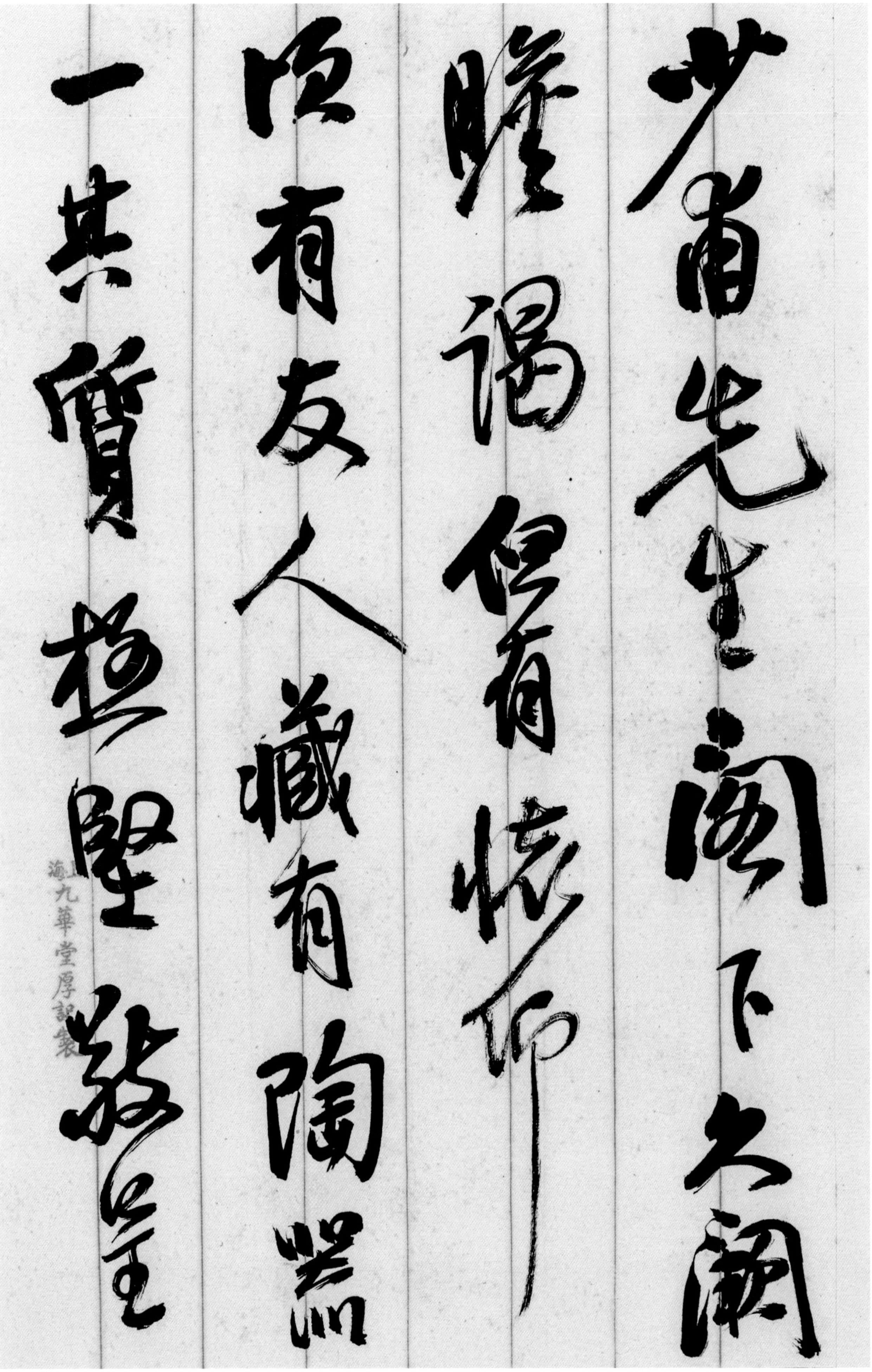
少甫先生閣
下久闊
瞻謁但有懷仰
頃有友人藏有陶器
一其質極堅敬呈

四 致哈少甫書 縱二六厘米 横一六厘米

少甫先生閣下：久闊瞻謁，但有懷仰。頃有友人藏有陶器一，其質極堅，敬呈法鑒，并求指示能直幾何。它俟面話。秋晴珍衛。清道人頓首。

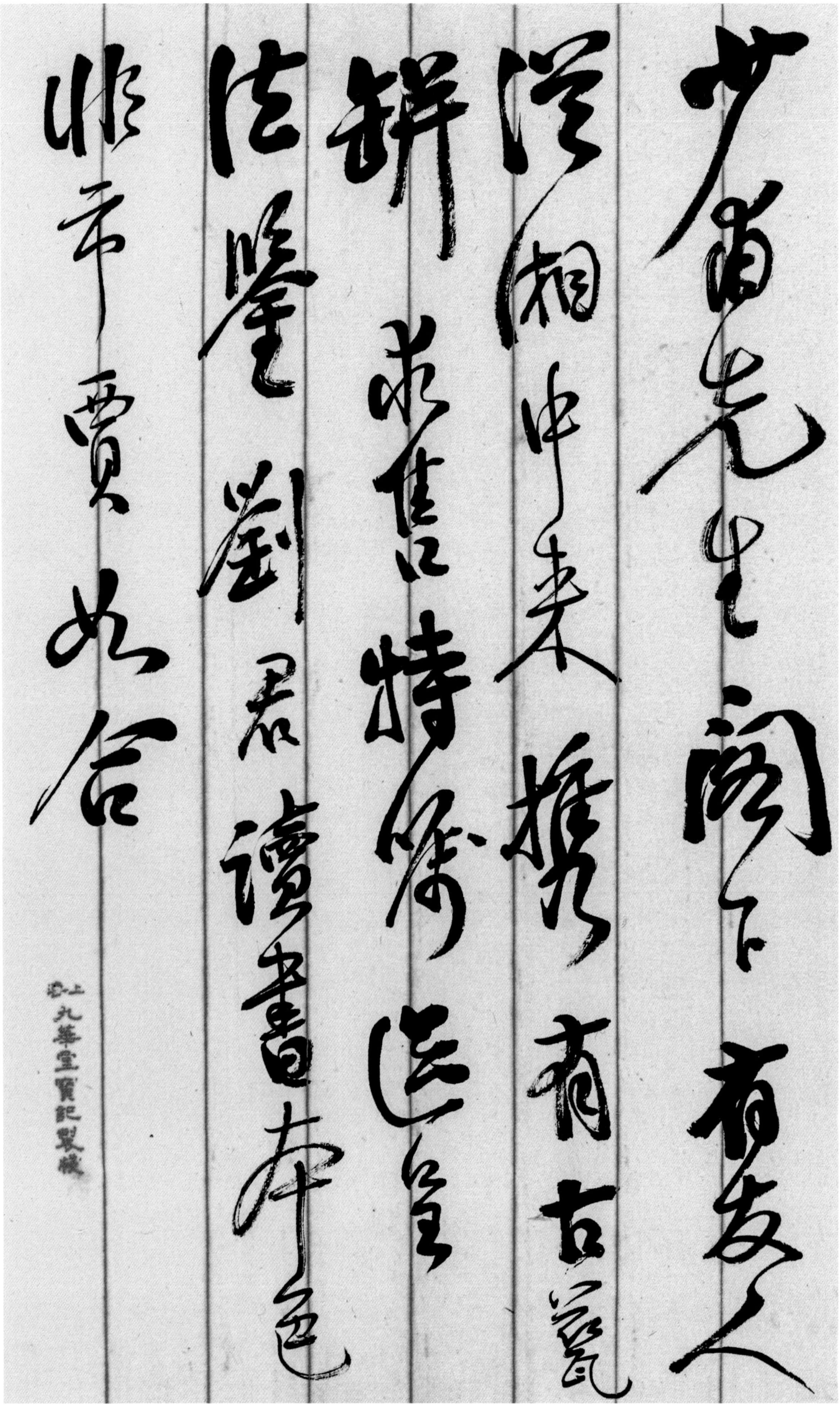
少甫先生閣下：有友人從湘中來，攜有古瓷瓶求售，特囑送呈法鑒。劉君讀書本色，非市賈，如合

五 致哈少甫書 縱二六厘米 横一六厘米

少甫先生閣下：有友人從湘中來，攜有古瓷瓶求售，特囑送呈法鑒。劉君讀書本色，非市賈，如合

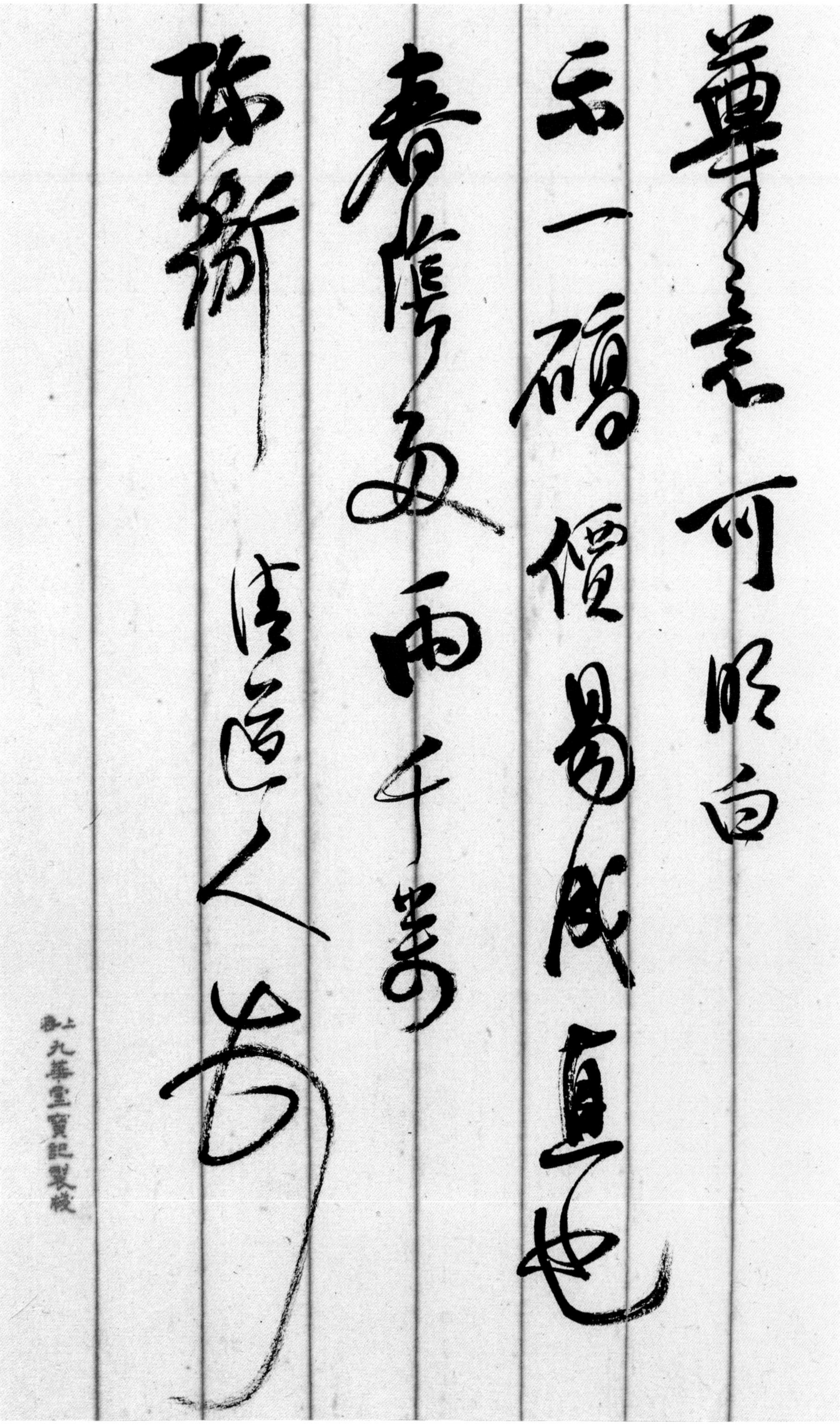

尊意，可明白示一碻價，易成直也。春陰多雨，千萬珍衛。清道人頓首。

六　致哈少甫書　縱二六厘米　横一六厘米

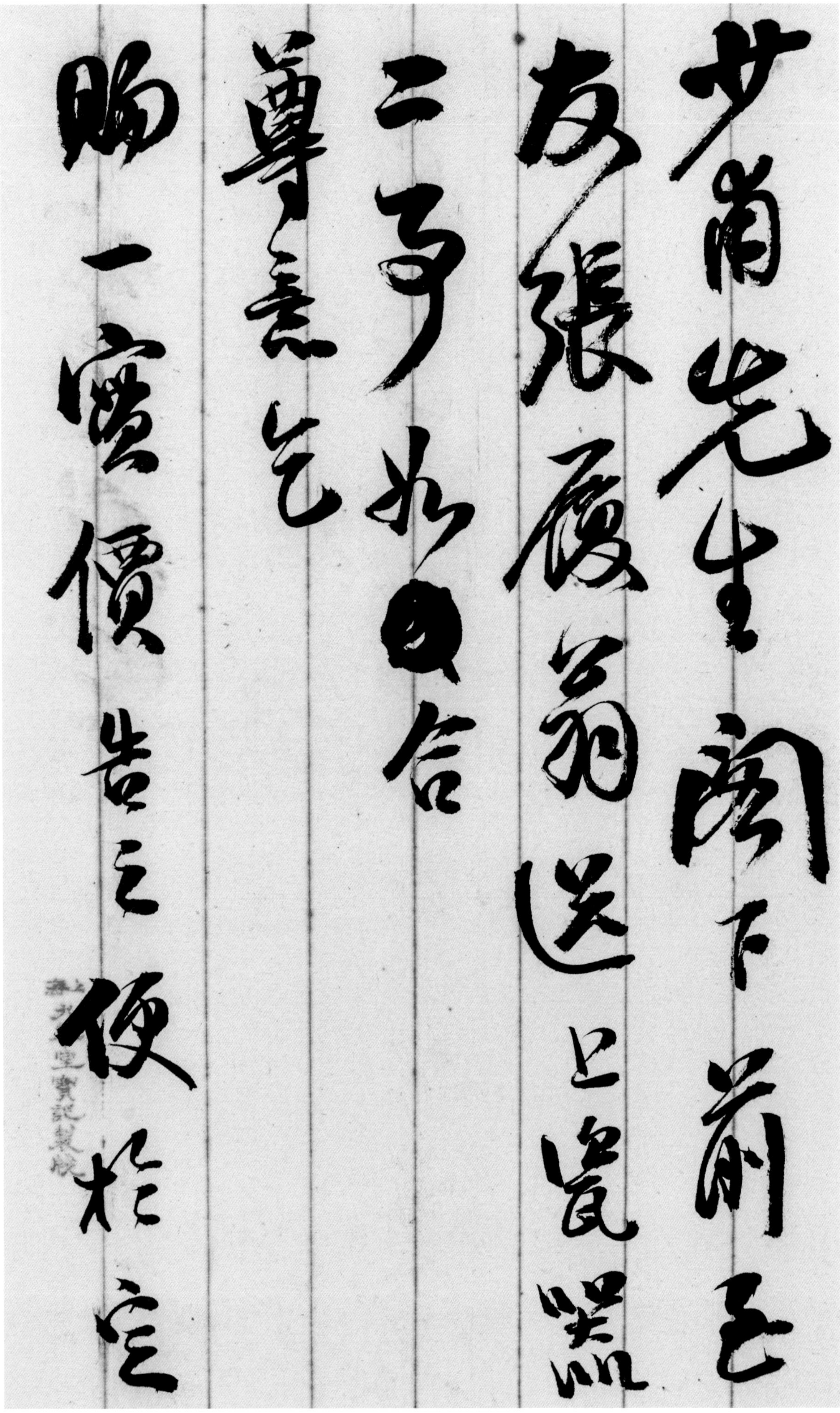
少甫先生閣下前至友張履翁送上瓷器二事如合尊意乞賜一實價告之便於定

少甫先生閣下：前至友張履翁，送上瓷器二事，如合尊意，乞賜一實價告之，便於定

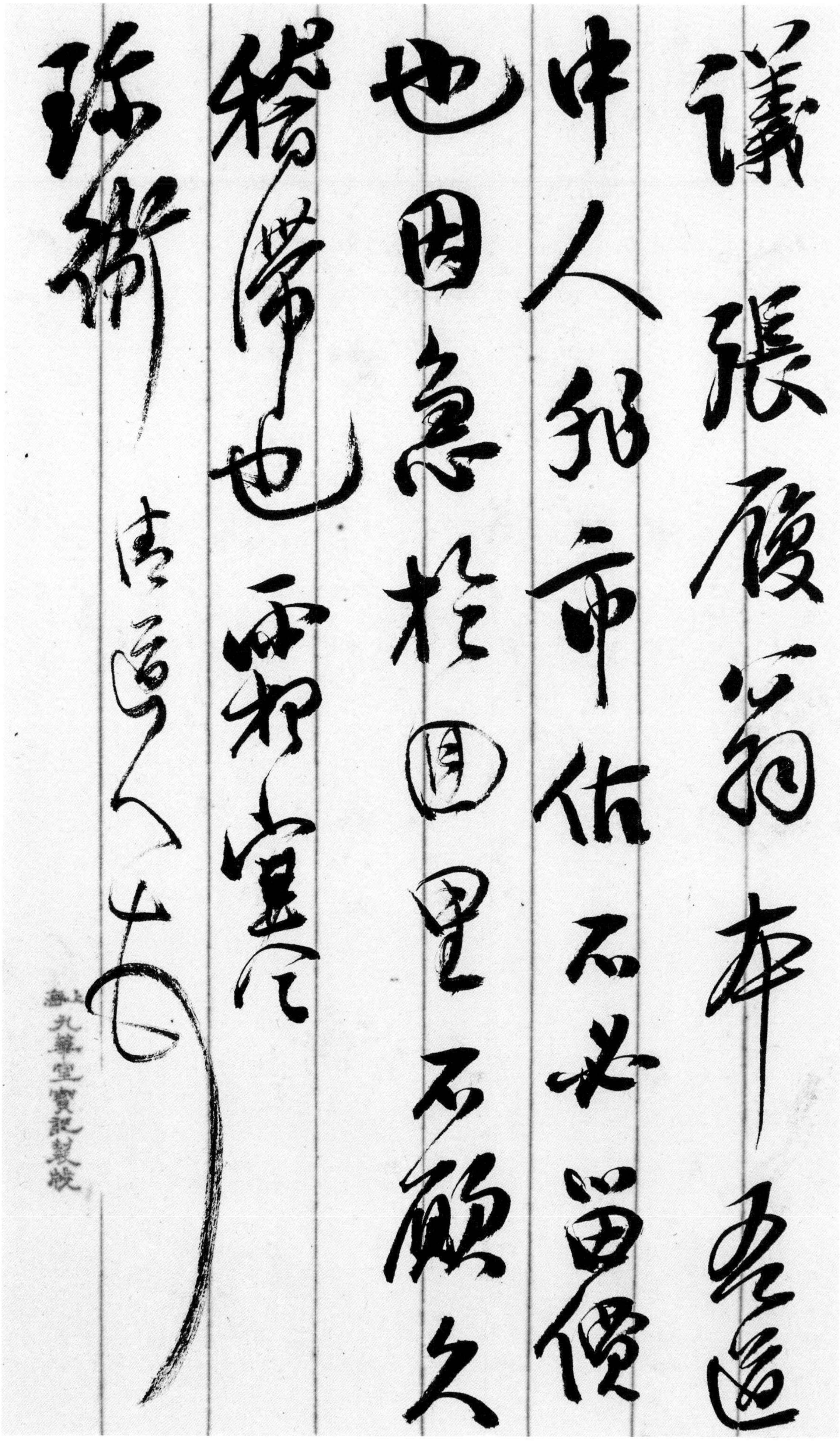

議。張履翁本吾道中人，非市估，不必留價也，因急於回里，不願久稽滯也。霜寒珍衛。清道人頓首。

七　致哈少甫書　縱二六厘米　横一六厘米

少甫先生閣下：頃有至友張履翁，帶有古瓷數件，乞爲鑒定，并指示價直途徑，以免受賈人之欺，感且不朽，它望一一

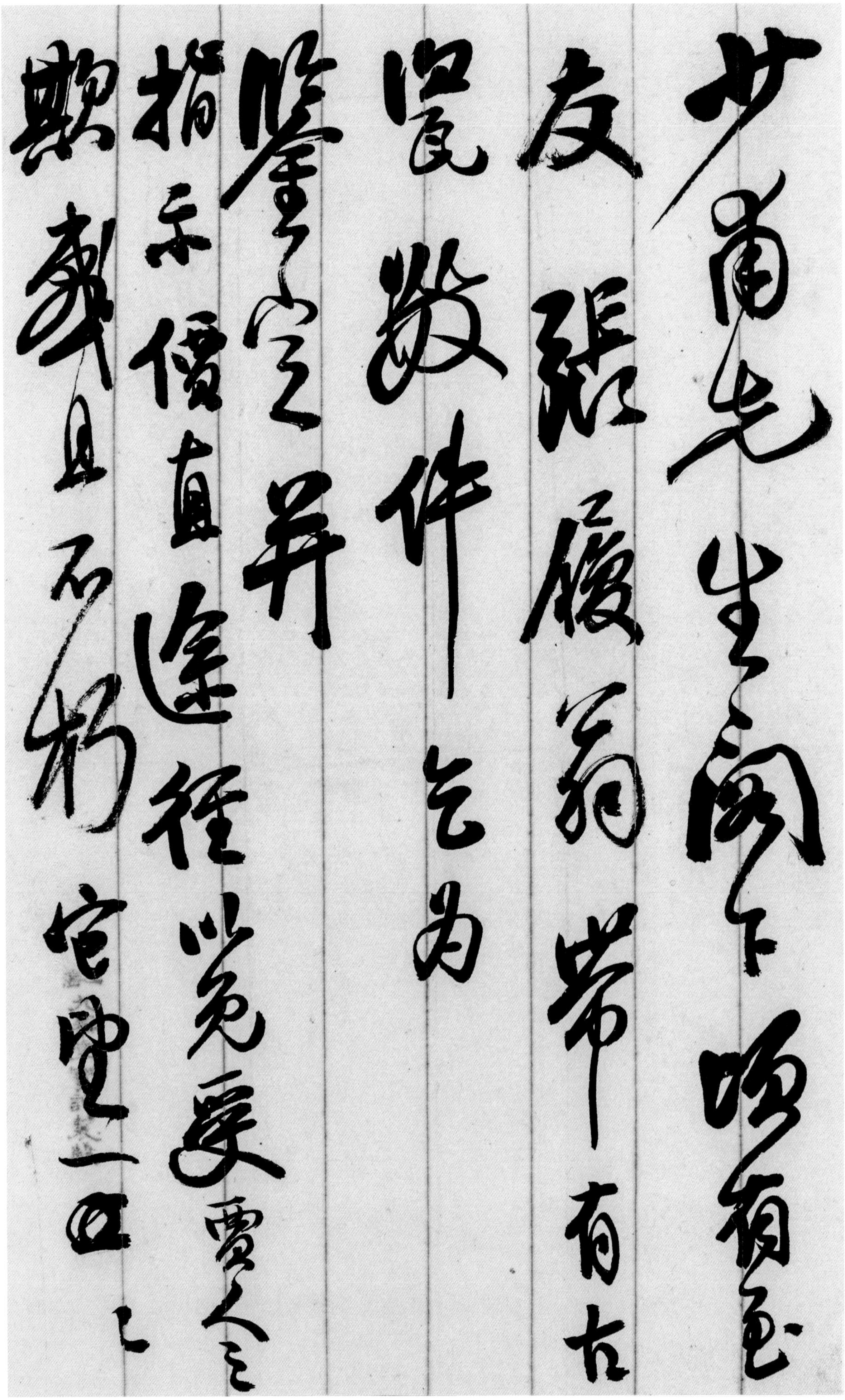
少甫先生閣下頃有
友張履翁帶有古
瓷數件乞為
鑒定并
指示價直途徑以免受賈人之
欺感且不朽
它望一一

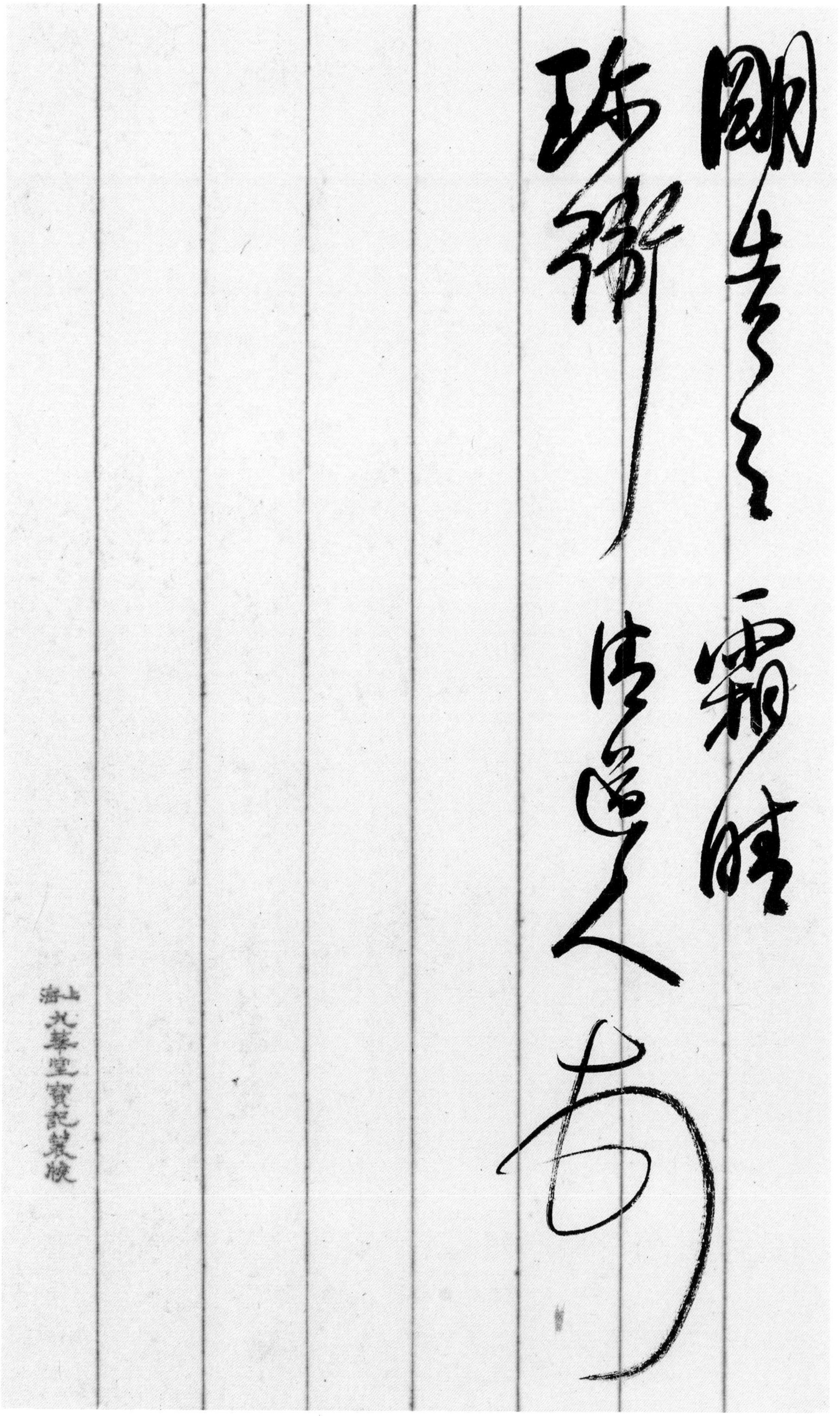

明告之。霜晴珍衛。清道人頓首。

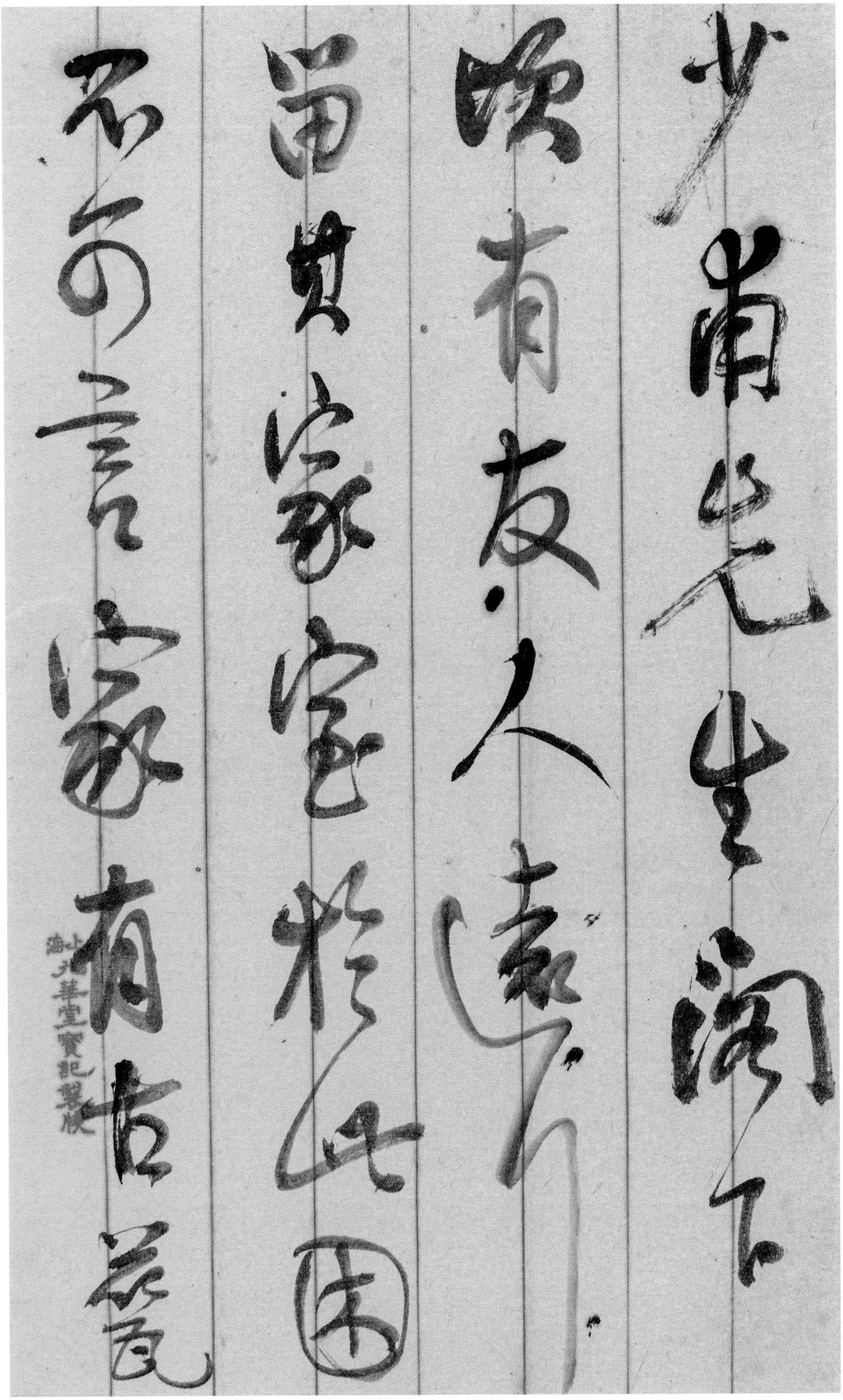
少甫先生閣下：頃有友人遠行，留其家室於此，困不可言。家有古瓷

八　致哈少甫書　縱二六厘米　橫一六厘米

少甫先生閣下：頃有友人遠行，留其家室於此，困不可言。家有古瓷

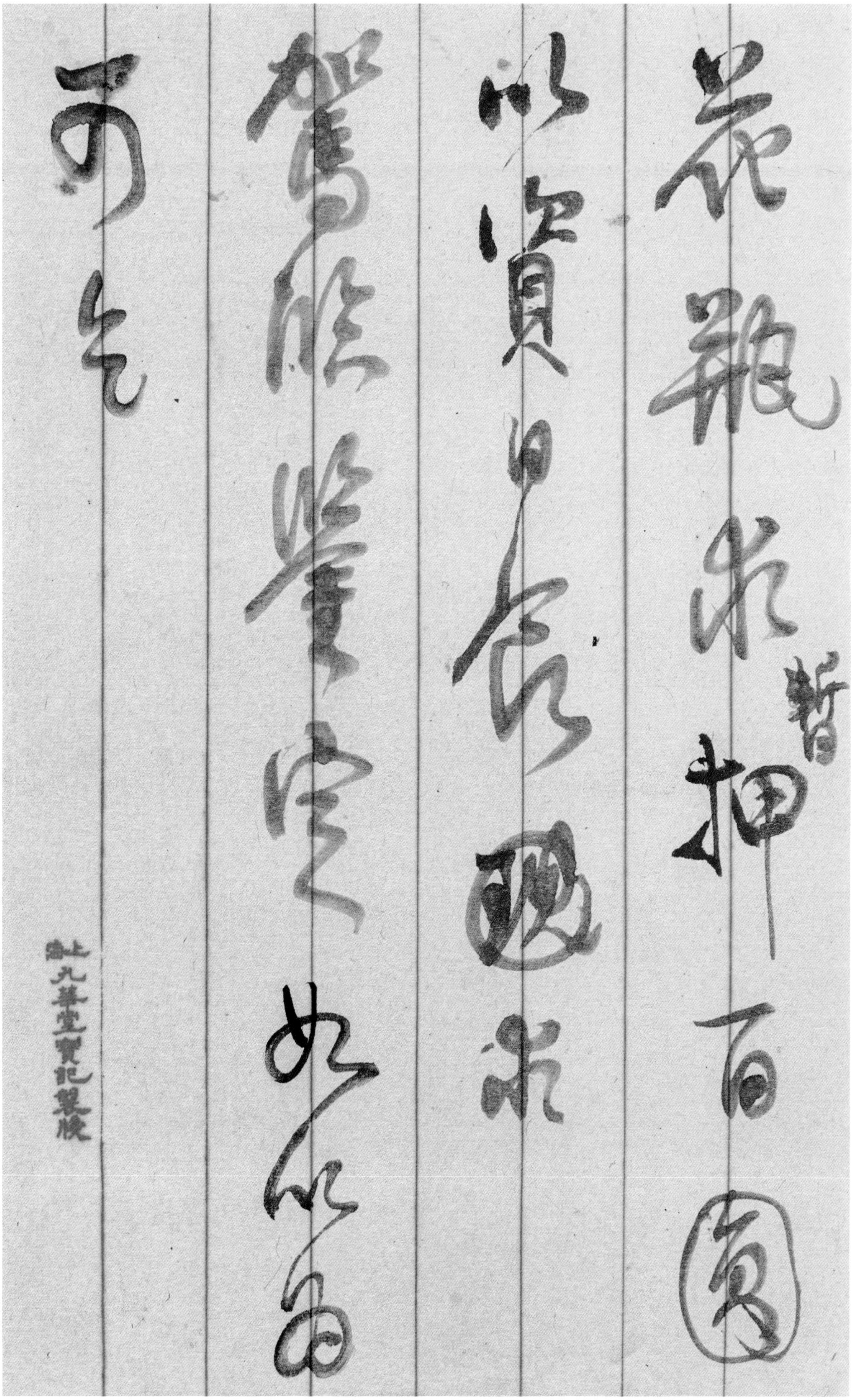

花瓶求暫押百圓，以資日食，求駕臨鑒定，如以爲可，乞

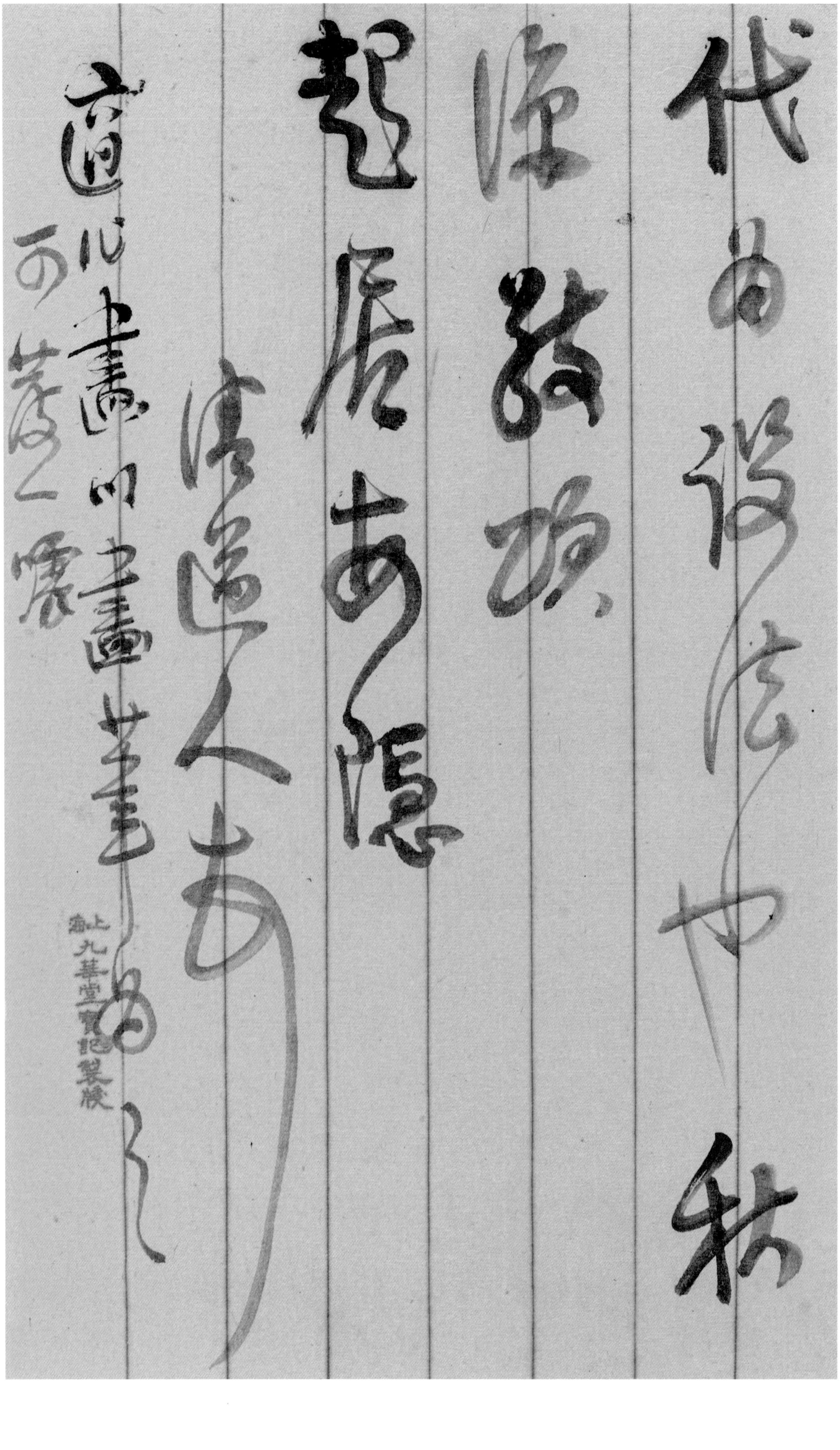

代爲設法也。秋凉，敬頌起居安隱。清道人頓首。適作畫，以畫筆爲之，可發一噱。

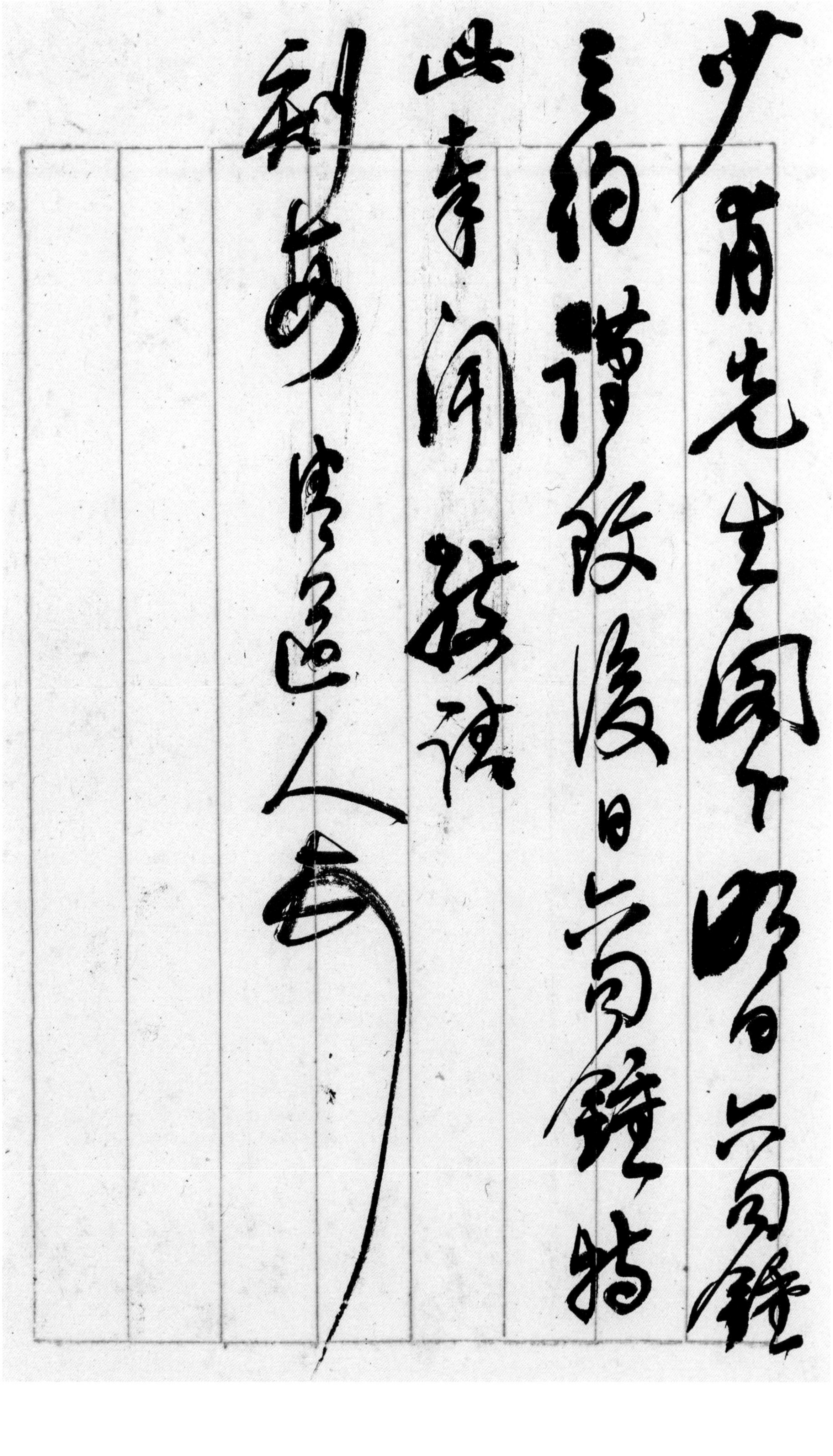

九　致哈少甫書　縱二六厘米　橫一六厘米

少甫先生閣下：明日六句鐘之約，謹改後日六句鐘，特此奉聞，敬請刻安。清道人頓首。

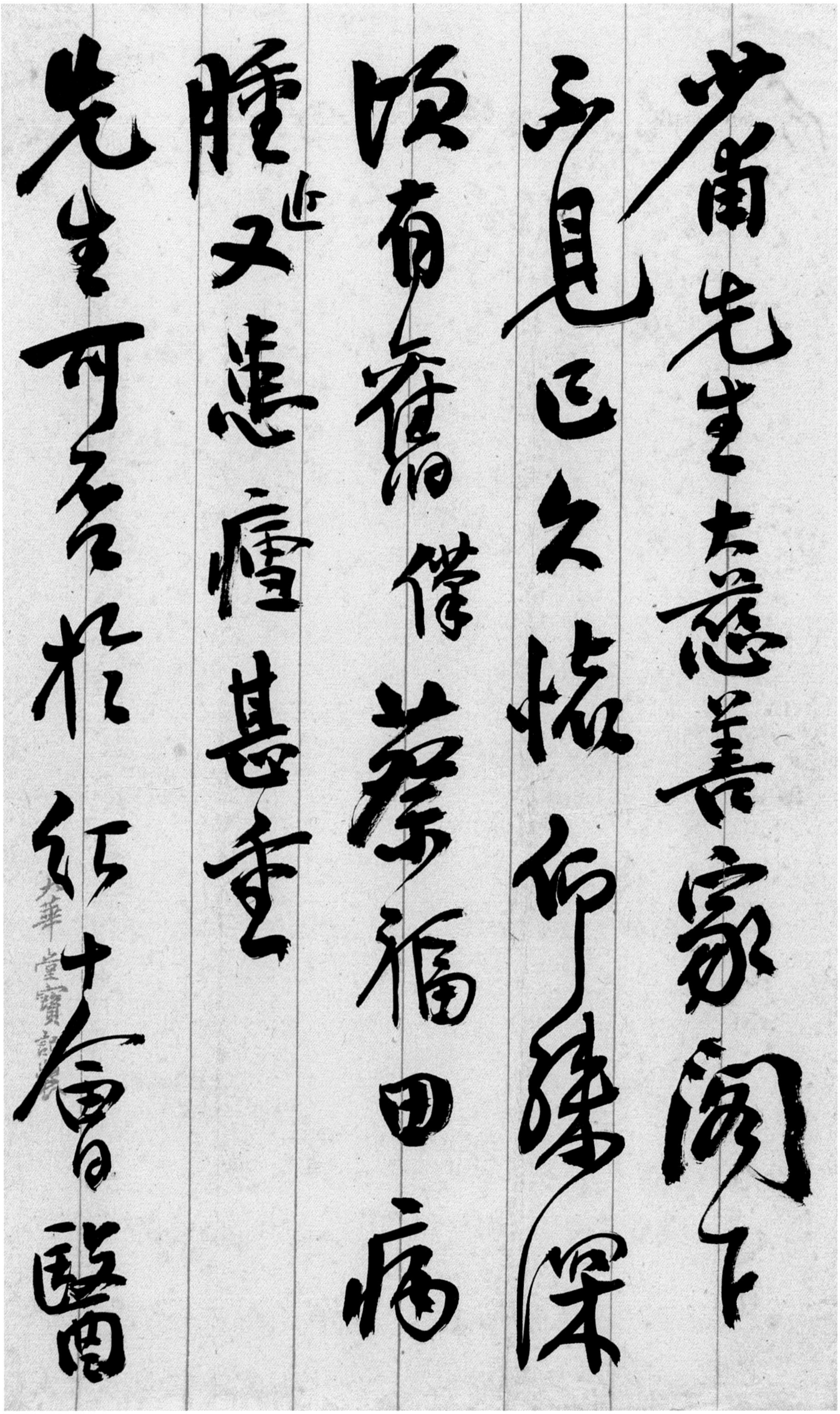
少甫先生大慈善家閣下：不見已久，懷仰殊深，頃有舊僕蔡福田病腫，近又患瘇甚重，先生可否於紅十會醫

一〇　致哈少甫書　縱二六厘米　橫一六厘米

少甫先生大慈善家閣下：不見已久，懷仰殊深，頃有舊僕蔡福田病腫，近又患瘇甚重，先生可否於紅十會醫

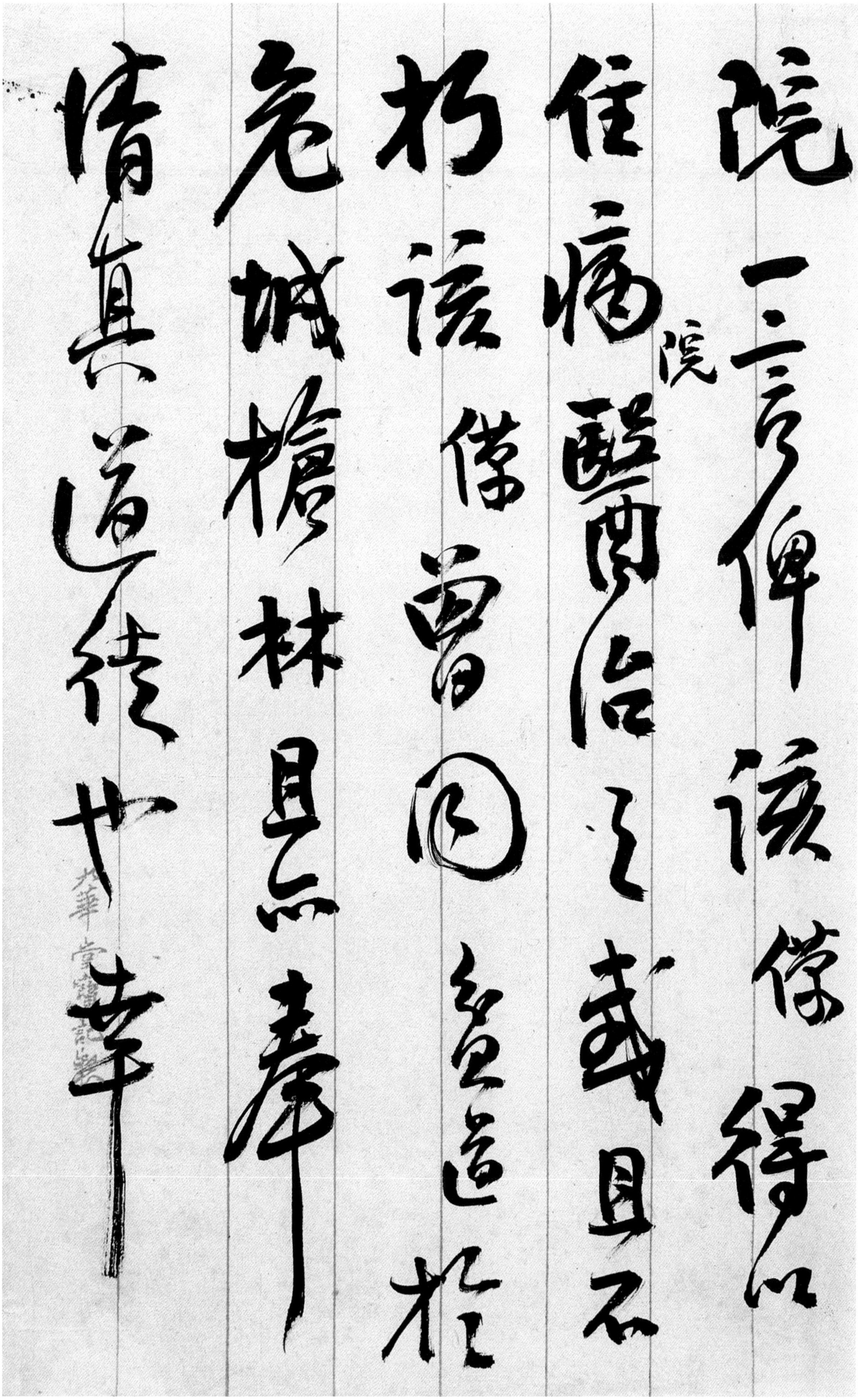

院一言？俾該僕得以住病院醫治之，感且不朽。該僕曾同貧道於危城槍林，且亦奉清真道徒也，幸

哀憐而援之。夏熱珍衛。清道人頓首。

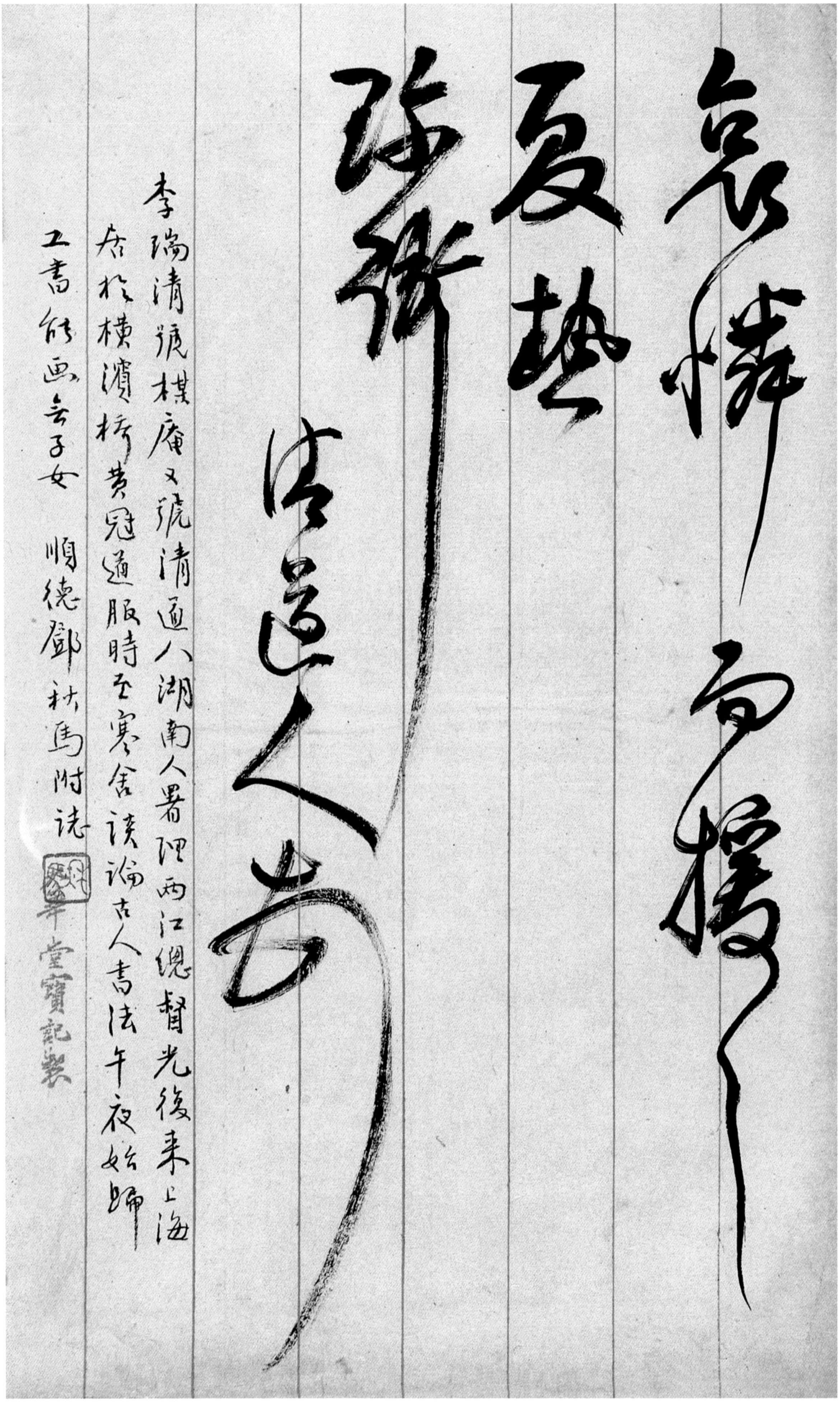
哀憐而援之。夏熱珍衛。清道人頓首。

李瑞清號梅庵又號清道人湖南人署理兩江總督光復後來上海居於橫濱橋黃冠道服時至寒舍談論古人書法午夜始歸工書能画舍子女　順德鄧秋馬附誌

一一　致徐積餘書

縱二六厘米　橫一七厘米

貧道不幸，有大功之喪（喪一侄），故今日不得奉杯話，亮之。積餘吾兄同年閣下。功清道人頓首。

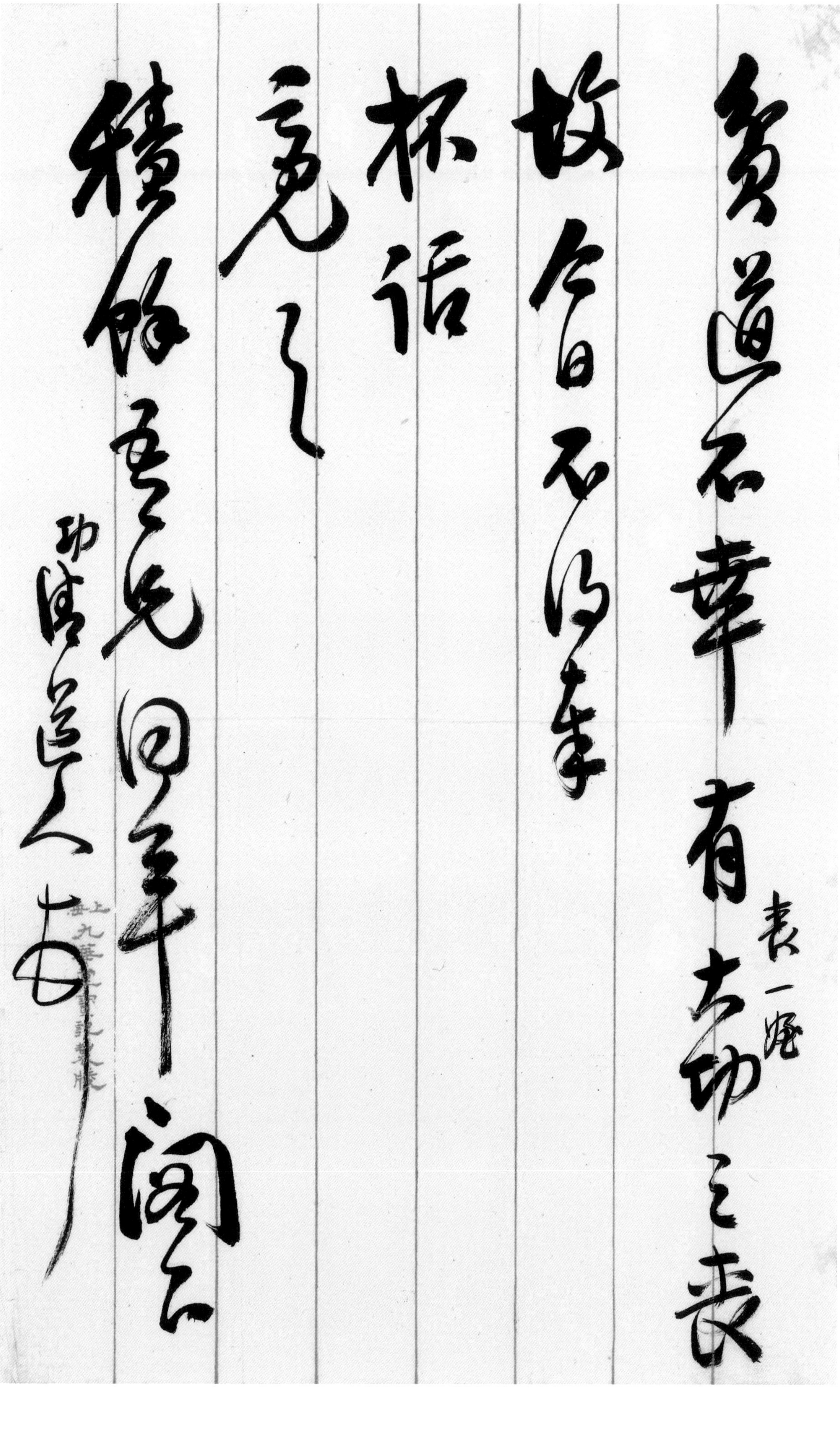

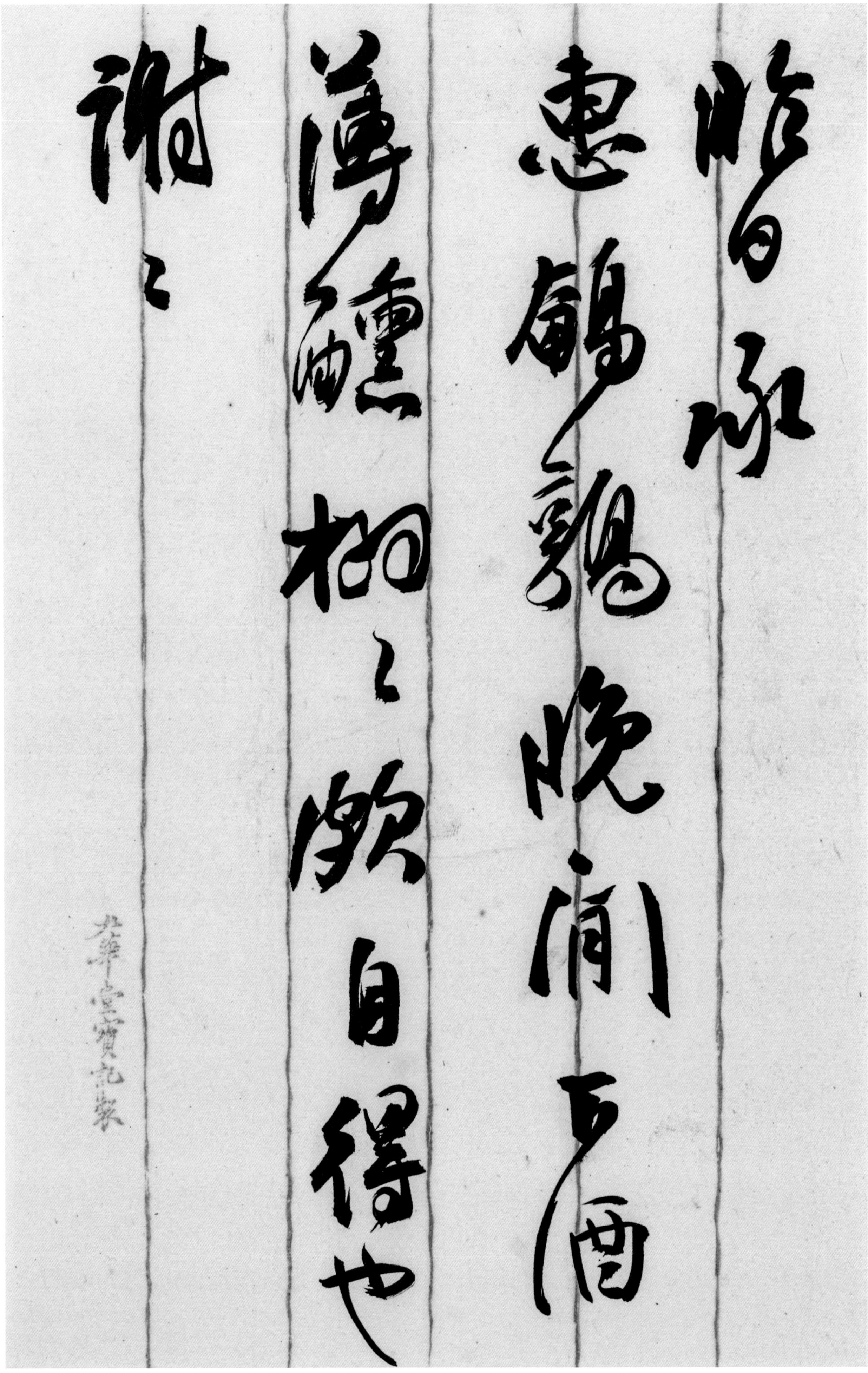

一二　致蔣國榜書　縱二六厘米　橫一七厘米

昨日承惠鵪鶉，晚間下酒，薄醺栩栩，頗自得也。謝謝！

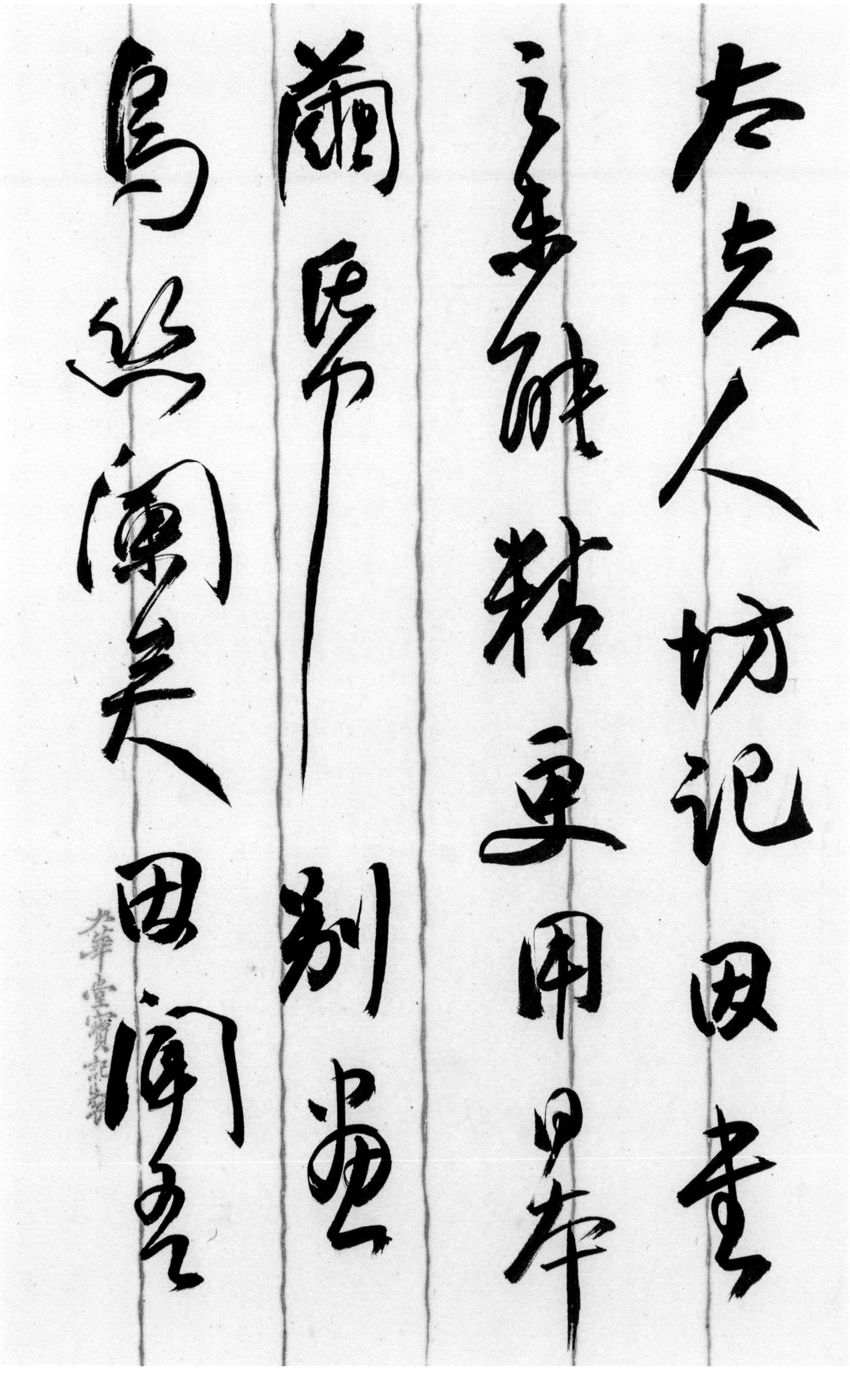

太夫人坊記因書之未能精更用日本繭帋別畫烏絲欄矣因聞吾

太夫人坊記，因書之末能精，更用日本繭帋，別畫烏絲欄矣。因聞吾

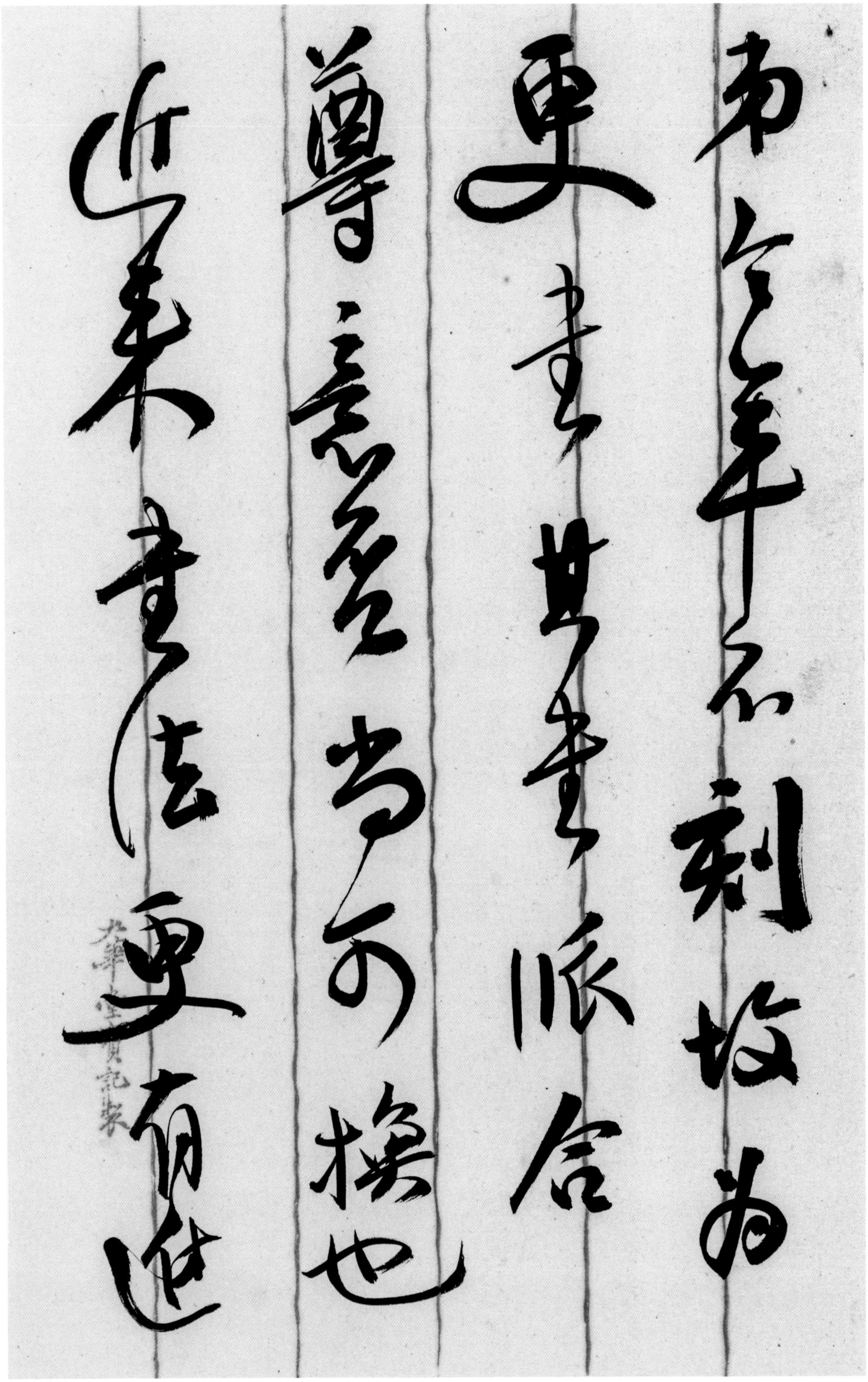

弟今年不刻，故爲更書。其書派合尊意否？尚可换也。近來書法更有進

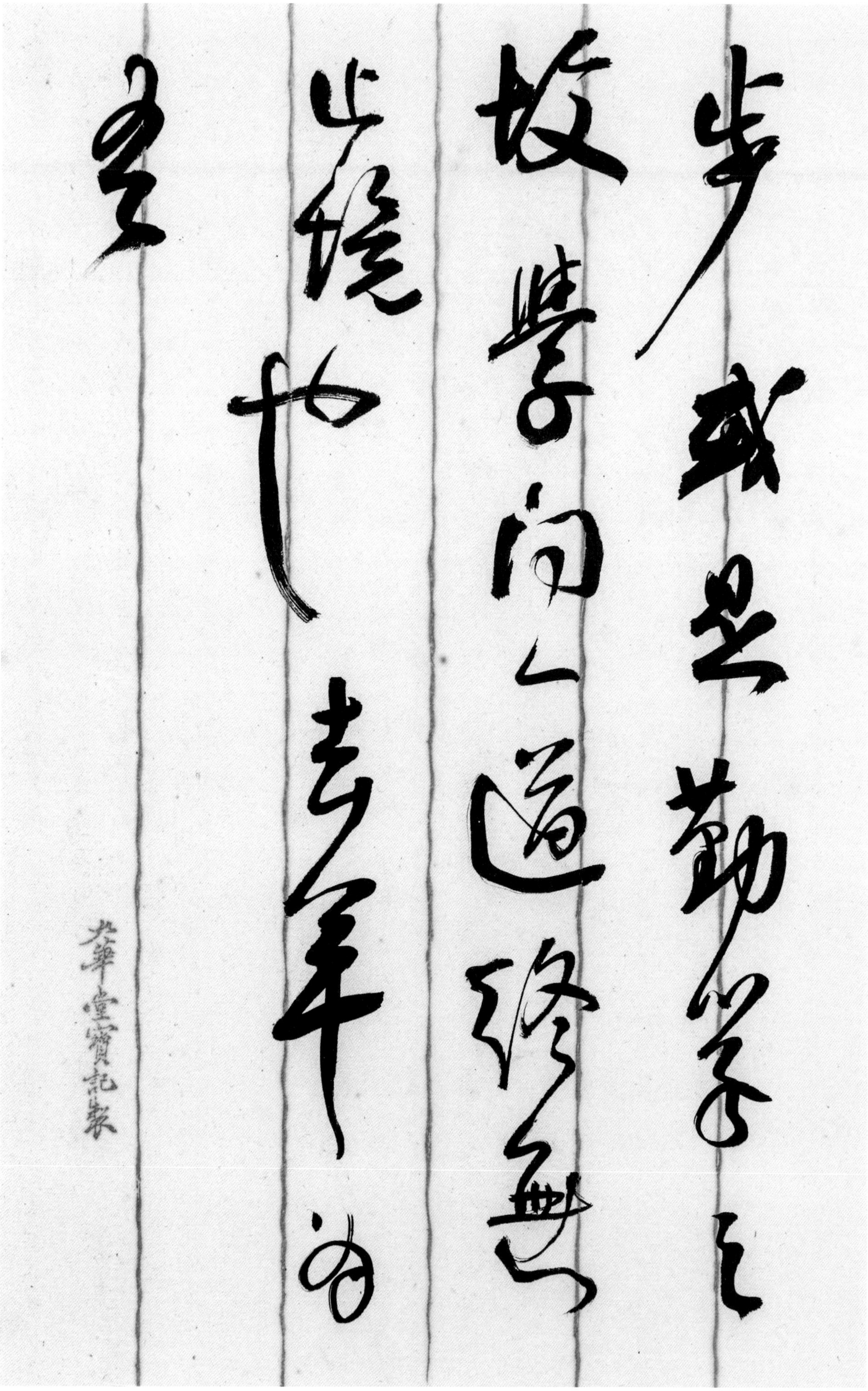

步，或是勤學之故，學問一道終無止境也。去年爲吾

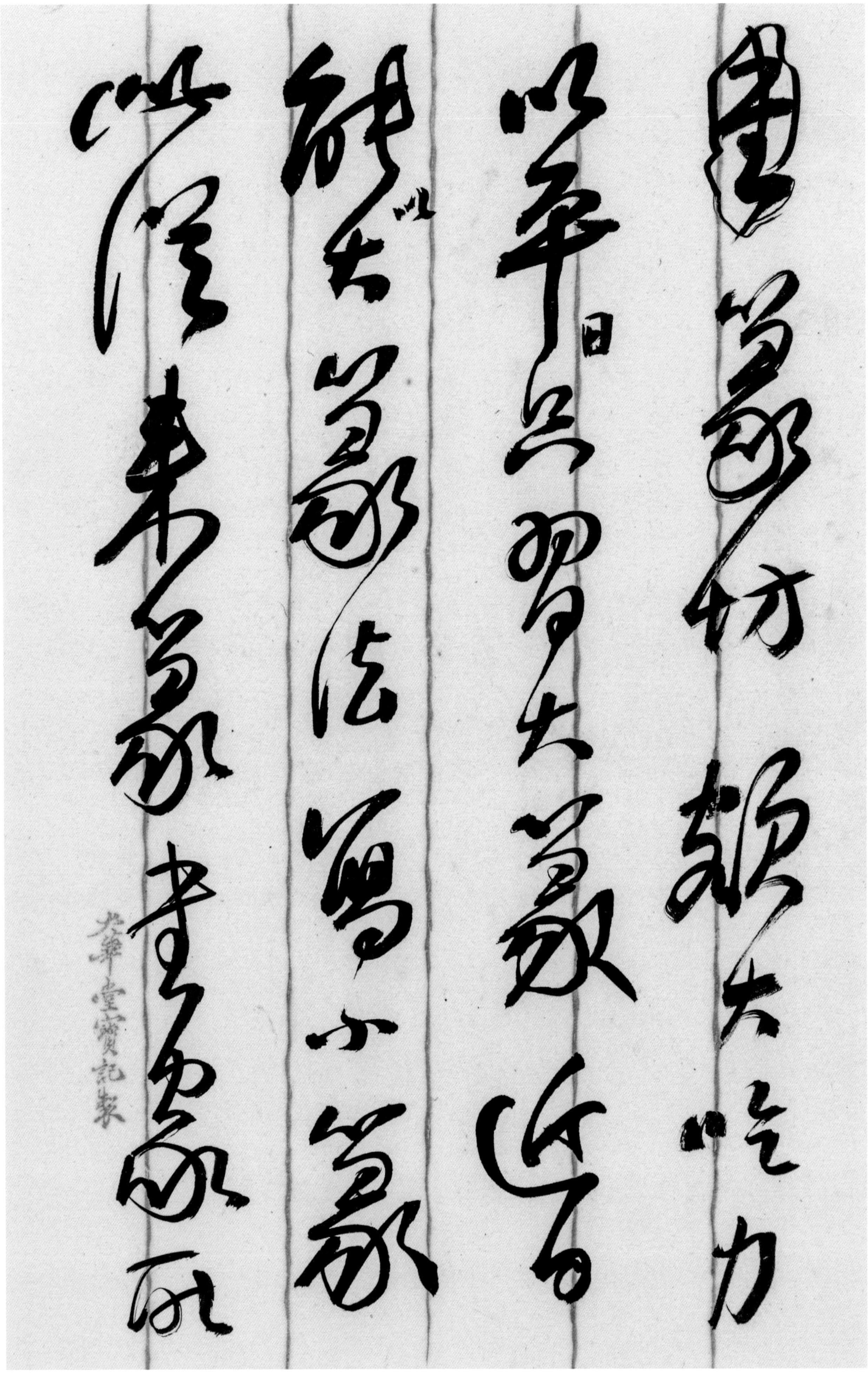

篆坊額，大吃力，以平日只習大篆，近日能以大篆法寫小篆，此從來篆書家所

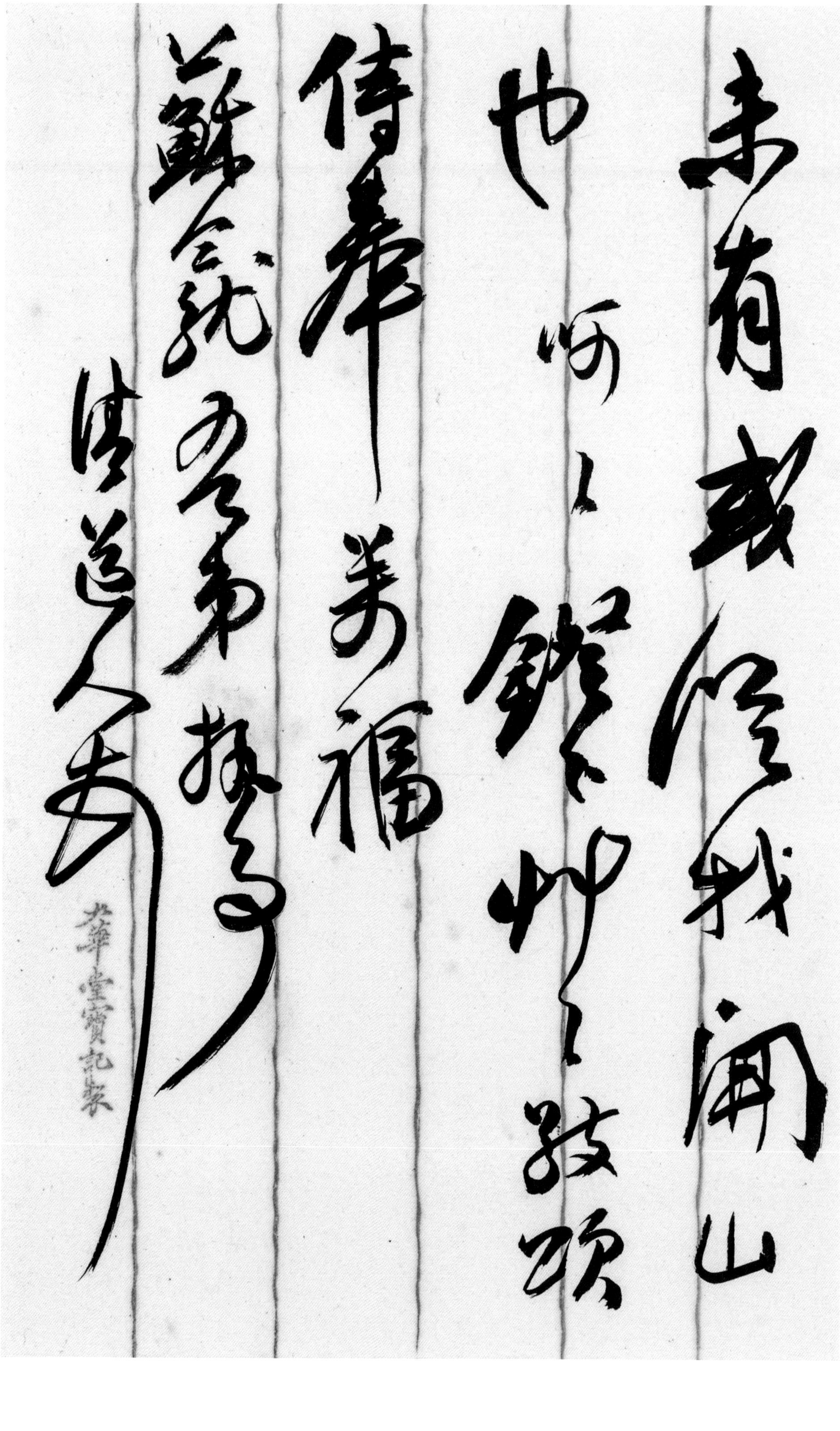

未有，或從我開山也。呵呵！鐙下草草，敬頌侍奉萬福。蘇龕吾弟執事。清道人頓首。

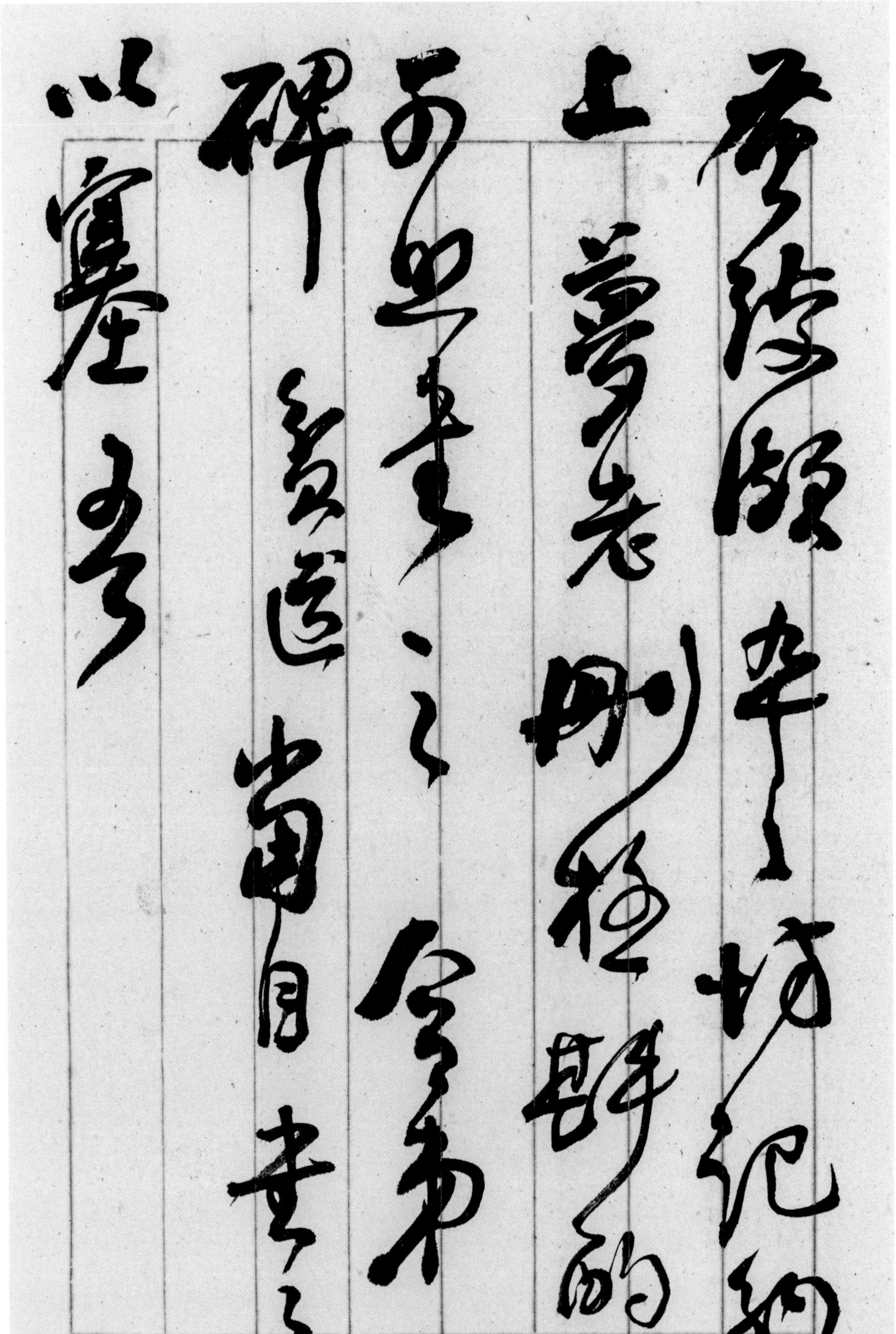

一三 致蔣國榜書 縱二六厘米 横一七厘米

蚤談頗卒卒。坊記納上，夢老删極斟酌，可照書之。令弟碑，貧道當自書之，以塞吾

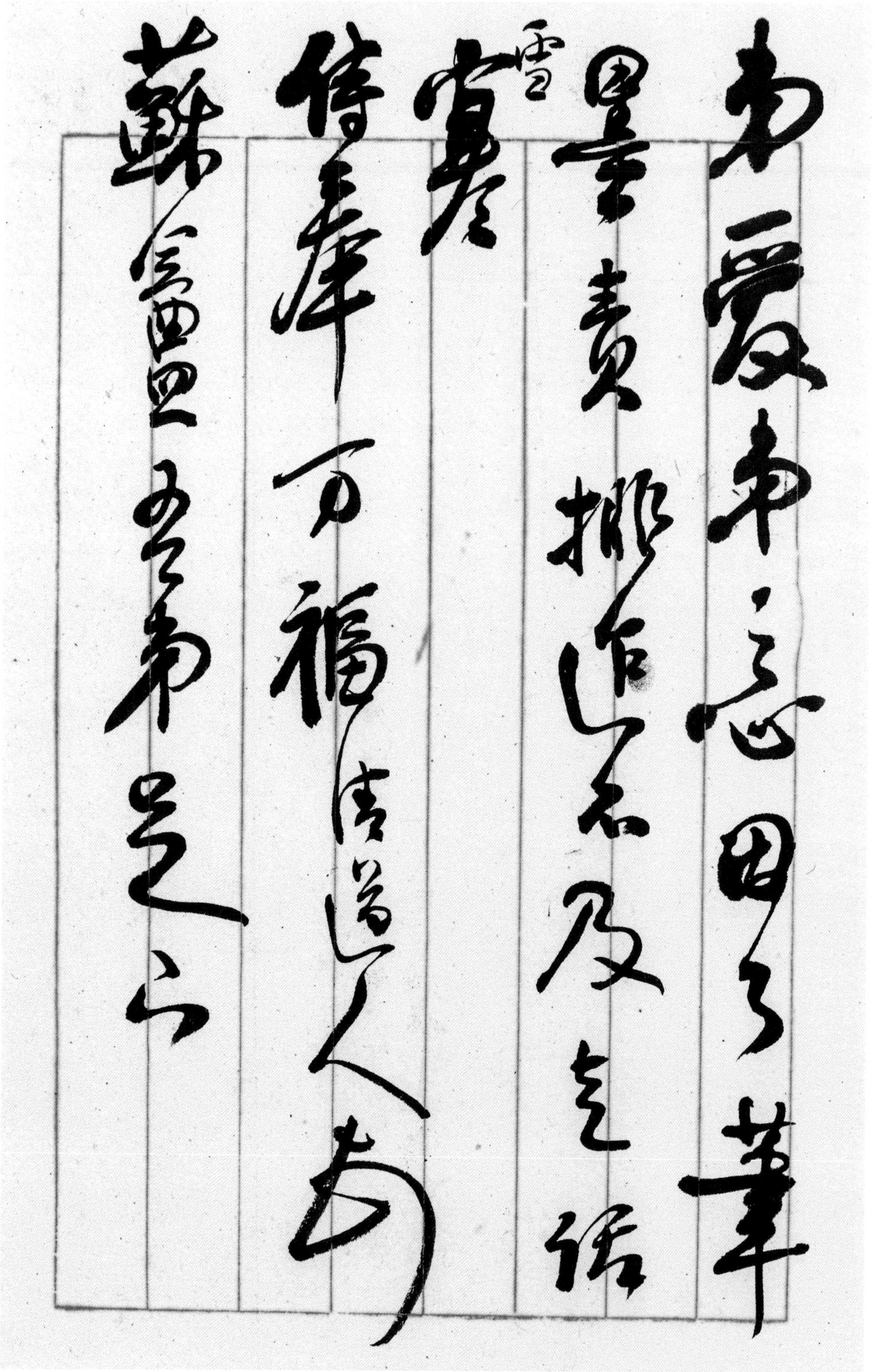

弟愛弟之心。因了筆墨責，排迮不及走話。雪寒，侍奉萬福。清道人頓首。蘇龕吾弟足下。

一四　致蔣國榜書　縱二六厘米　横一五厘米

今日太夫人大慶，以道服未便親詣拜壽，特遣介致賀。承召徐園之游，因敝親

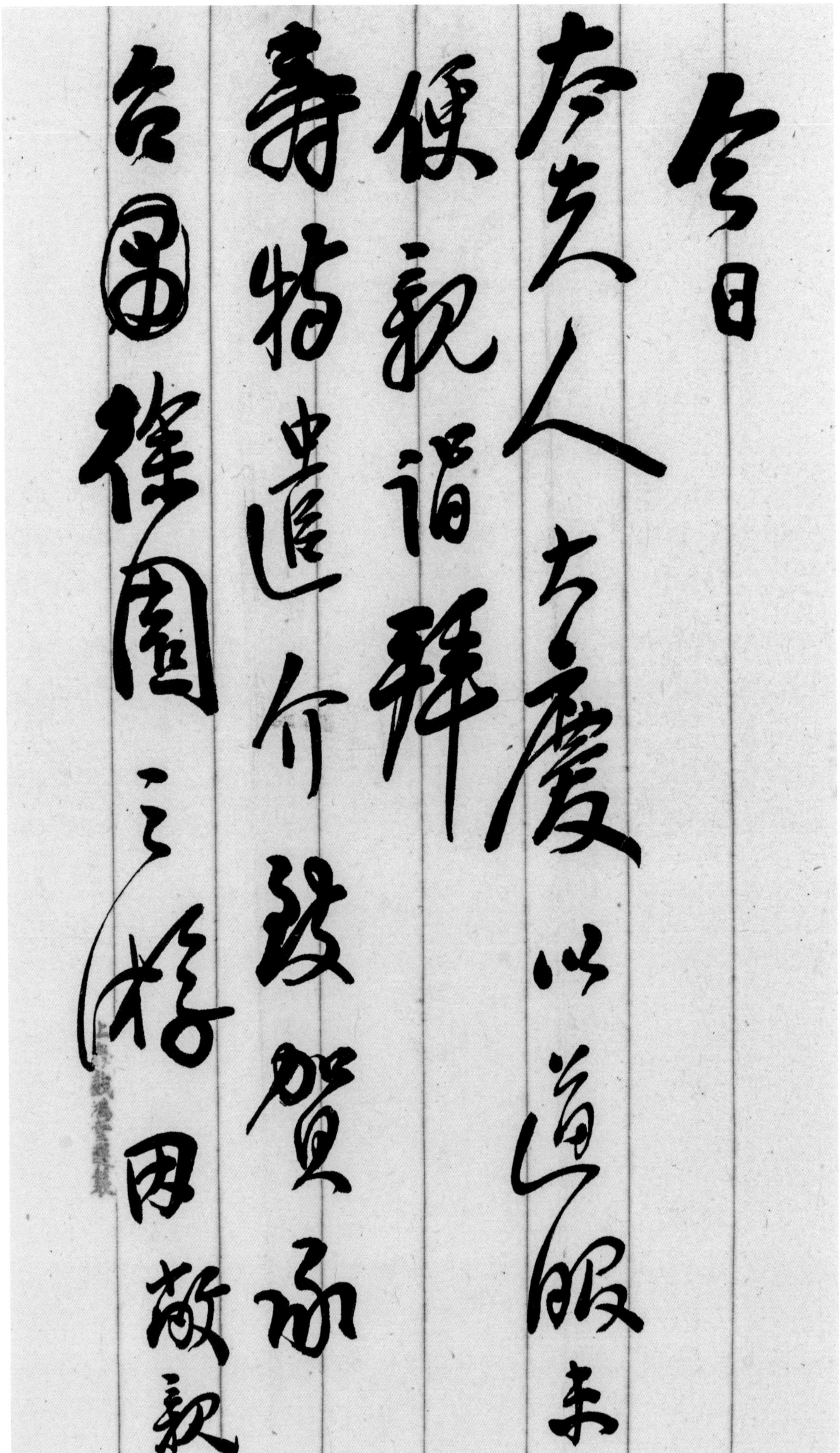
今日太夫人大慶以道服未便親詣拜壽特遣介致賀承召徐園之游因敝親

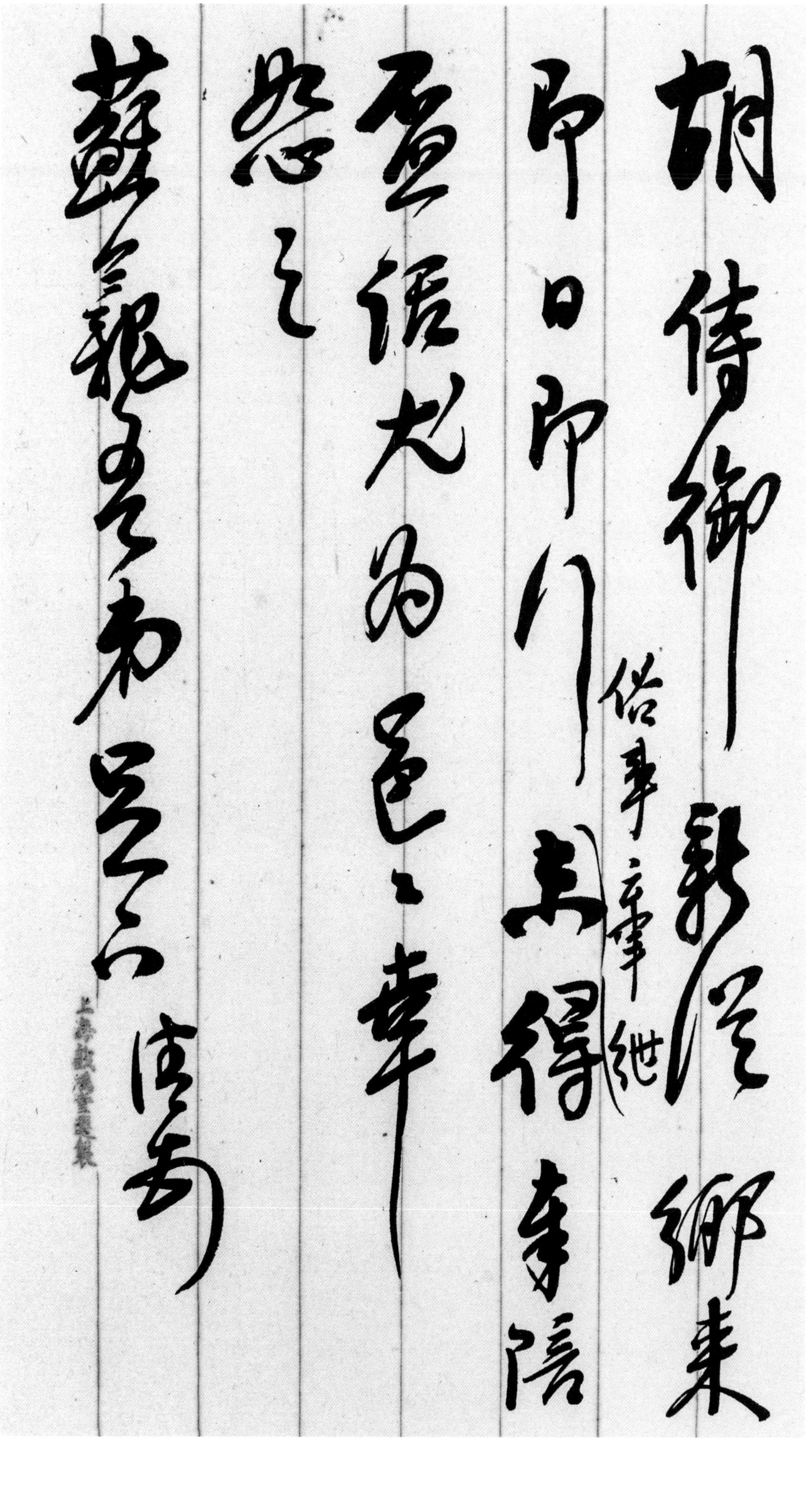

胡侍御新從鄉來，即日即行，俗事牽絏，未得奉陪盃話，尤爲邑邑，幸恕之。蘇龕吾弟足下。清頓首。

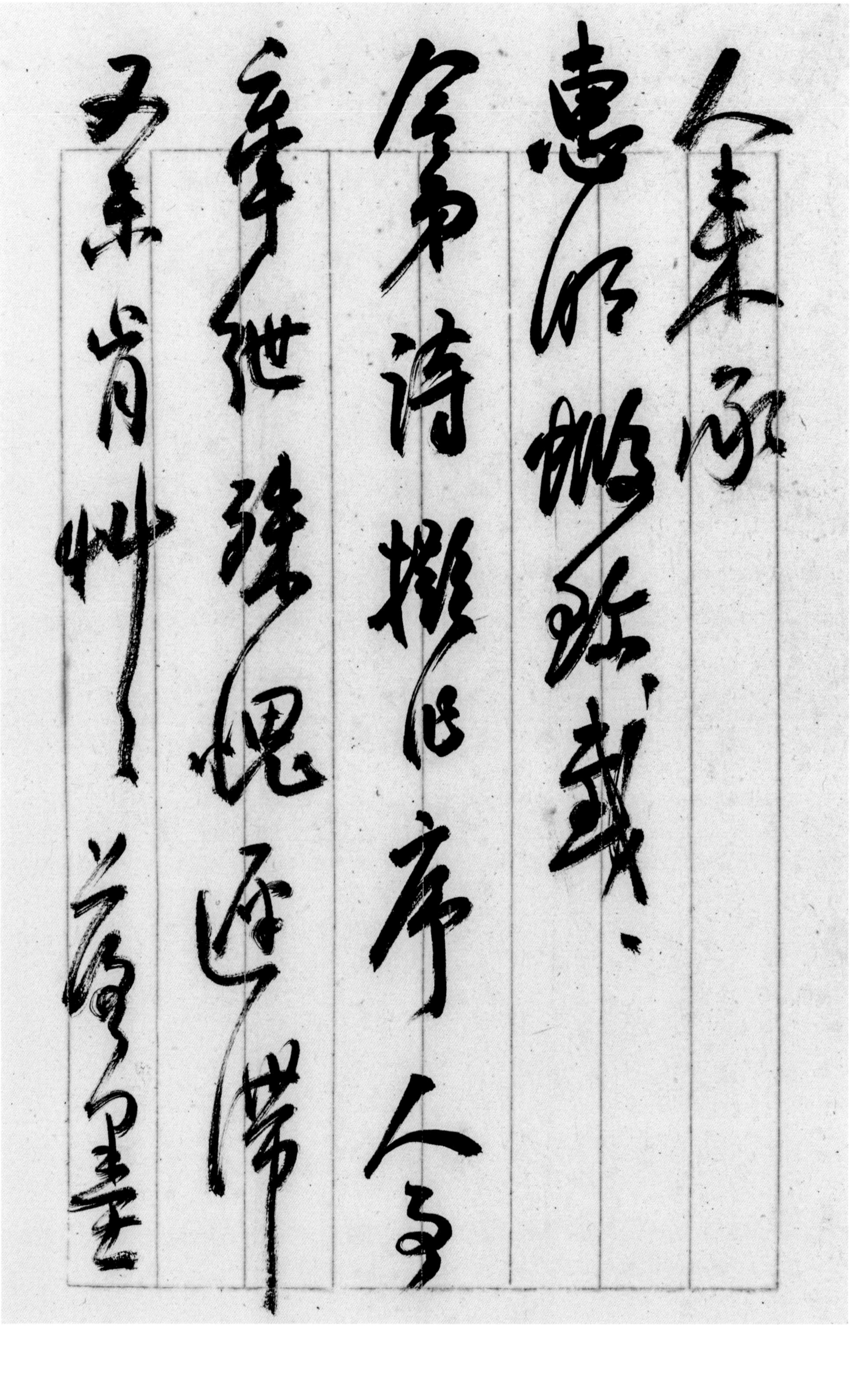

一五 致蔣國榜書 縱二六厘米 橫一七厘米

人來承惠明蝦，珍感珍感。令弟詩擬作序，人事牽紲，殊愧遲滯，又未肯草草落墨也。每日何時在局，當詣談。詩卷自攜。即頌侍奉萬福。清道人頓首。蘇龕吾弟足下。

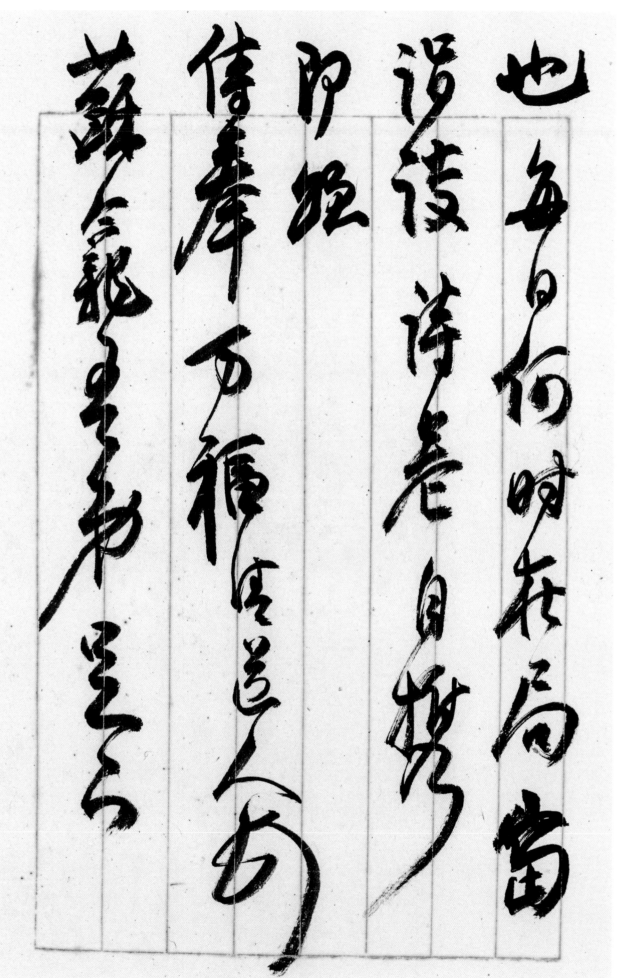

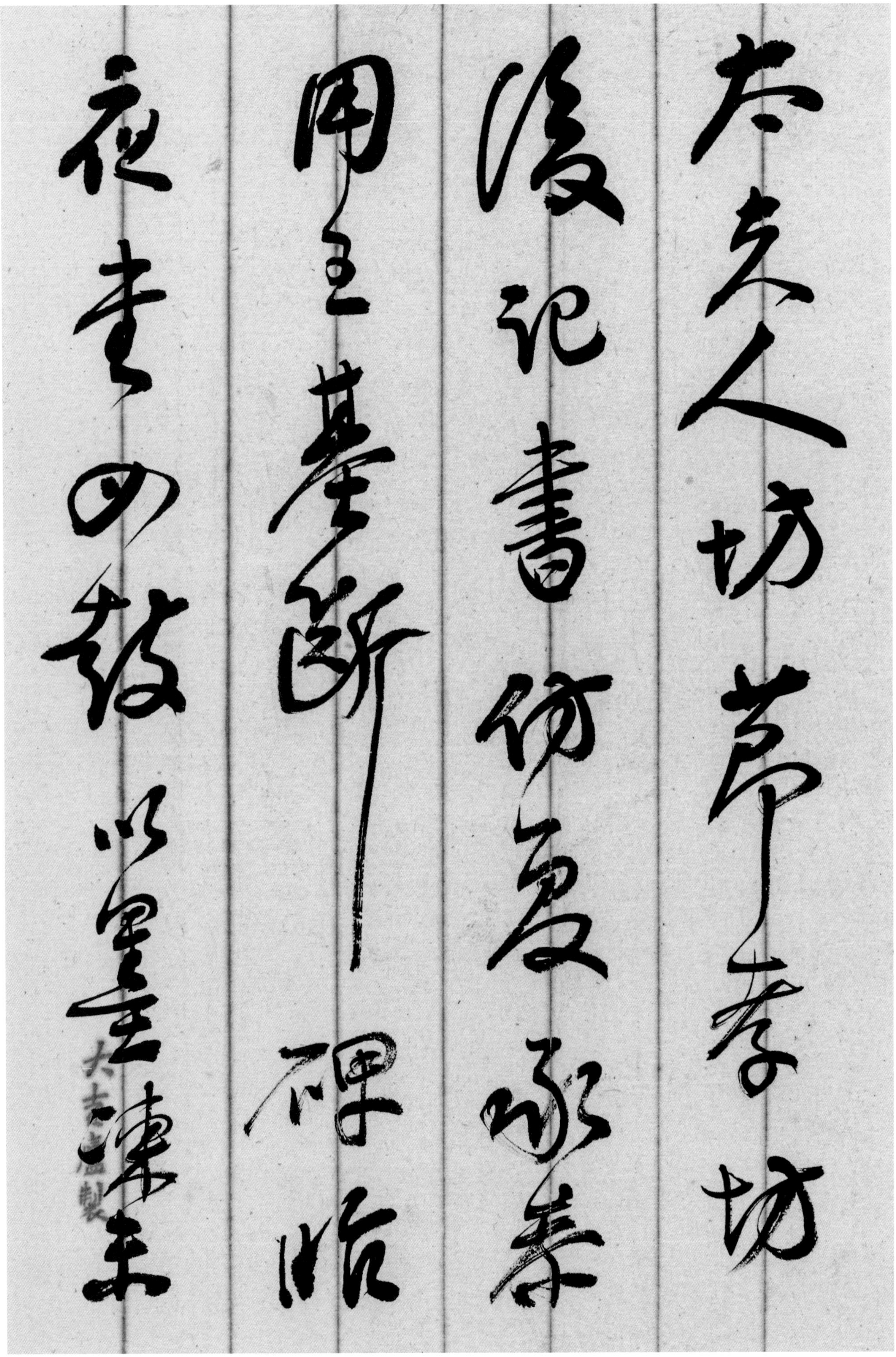

一六　致蔣國榜書　縱二六厘米　橫一六厘米

太夫人坊《節孝坊後記》，書仿《夏承》，參用《王基斷碑》。昨夜書四鼓，以墨凍未

能竟。今日竭一日夜之力，明日收拾筆誤，後日方能了畢。本約今日交卷，遲滯不罪，恐吾

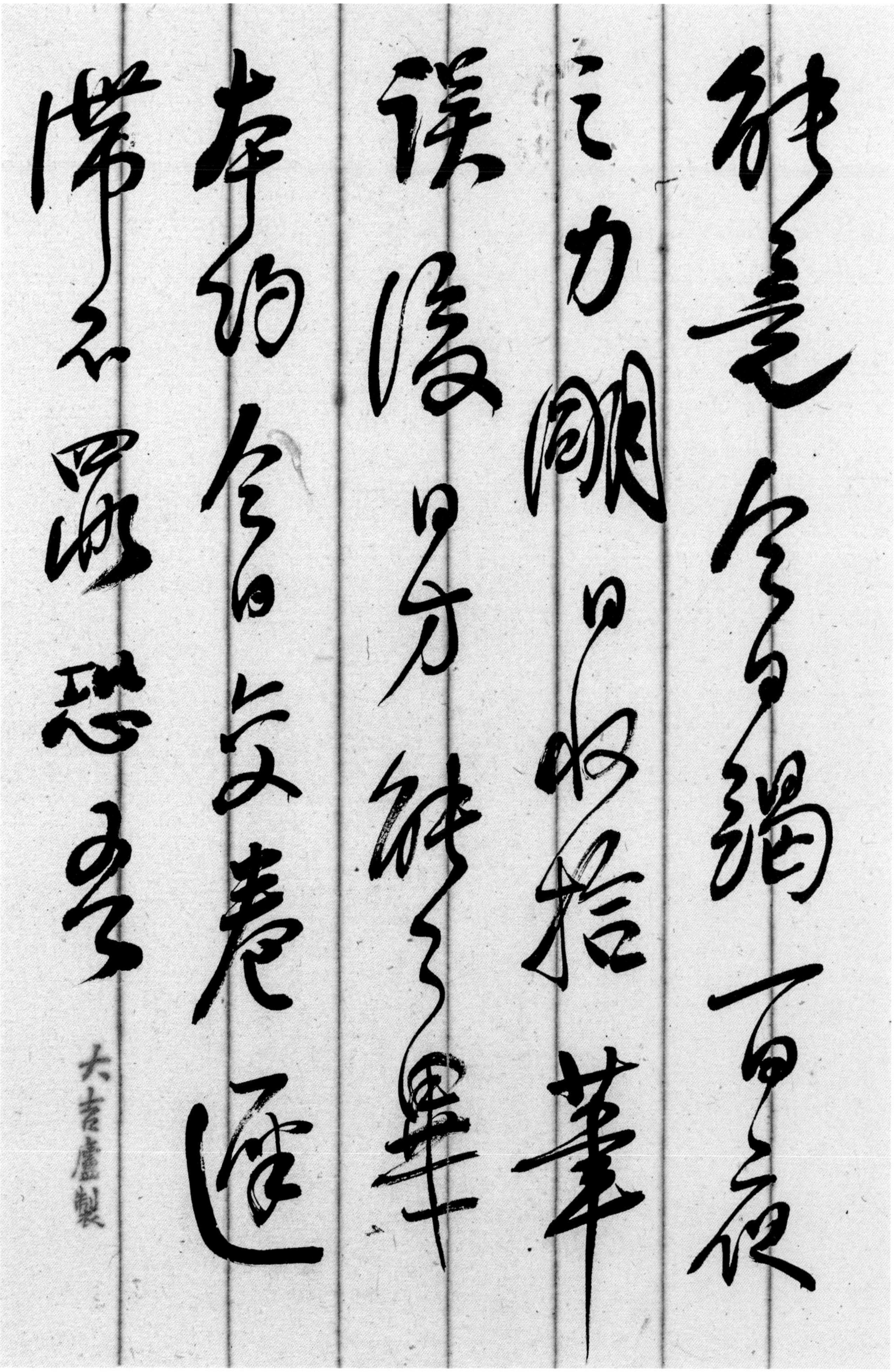

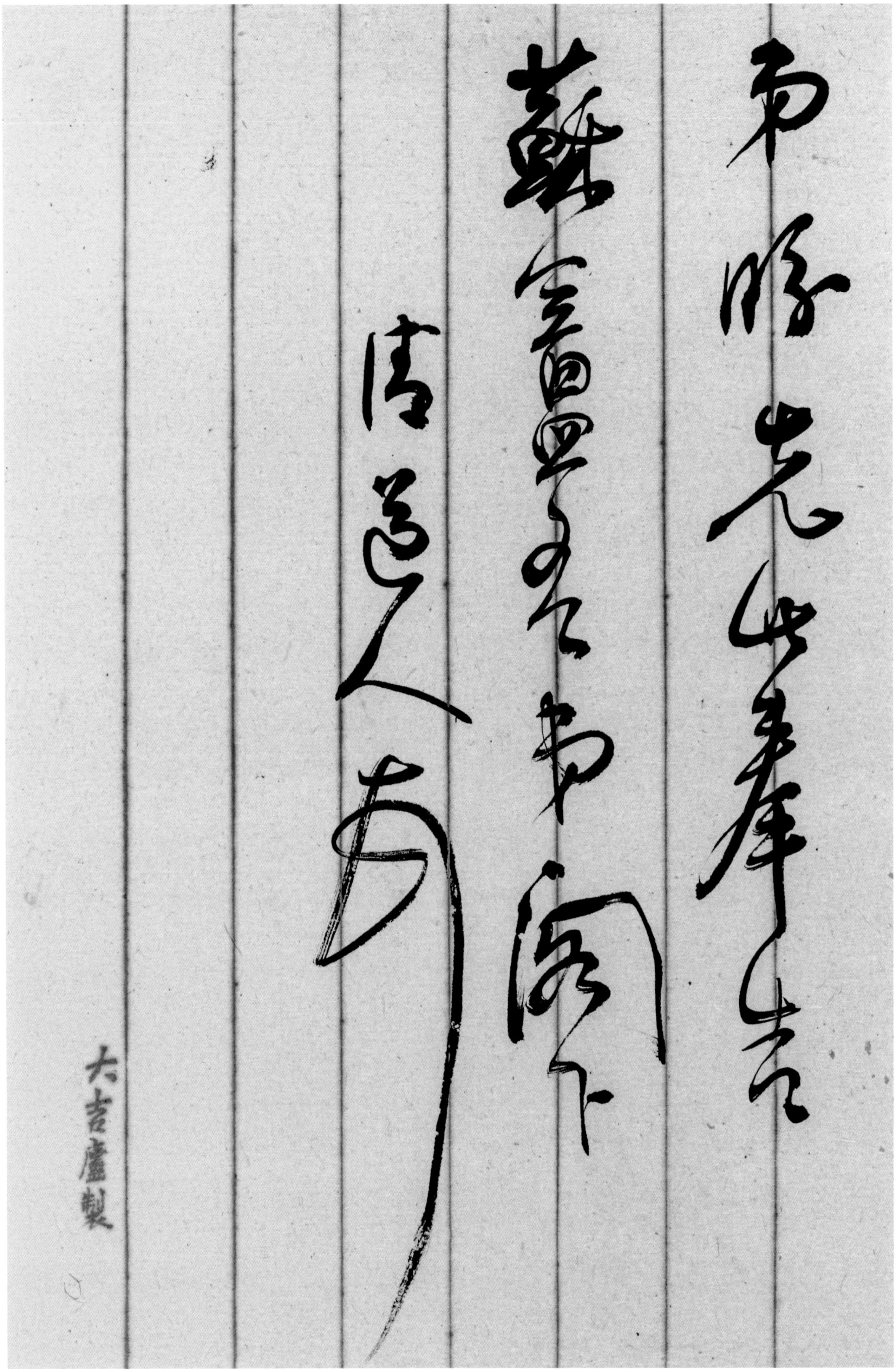
弟盼先此奉告
蘇龕吾弟閣下
清道人頓首
大吉廬製

弟盼，先此奉告。蘇龕吾弟閣下。清道人頓首。

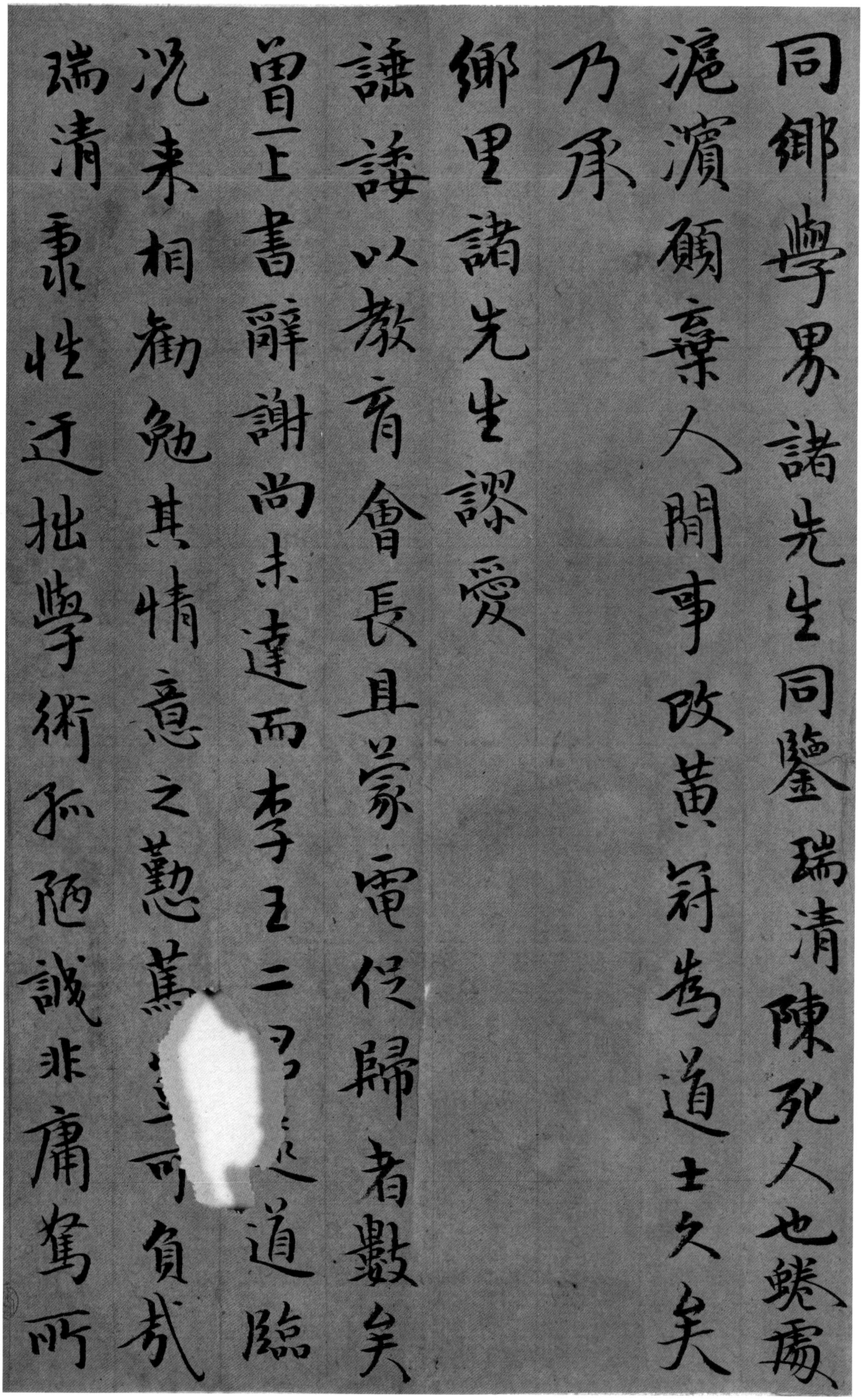

一七　致同鄉學界諸先生書　縱二六厘米　橫一七厘米

同鄉學界諸先生同鑒：瑞清陳死人也。蜷處滬賓，願棄人間事，改黄冠爲道士久矣。乃承鄉里諸先生謬愛，謙諉以教育會長，且蒙電促歸者數矣。曾上書辭謝尚未達，而李、王二君遠道臨況，來相勸勉，其情意之懃篤，豈可負哉。瑞清秉性迂拙，學術孤陋，誠非庸駑所

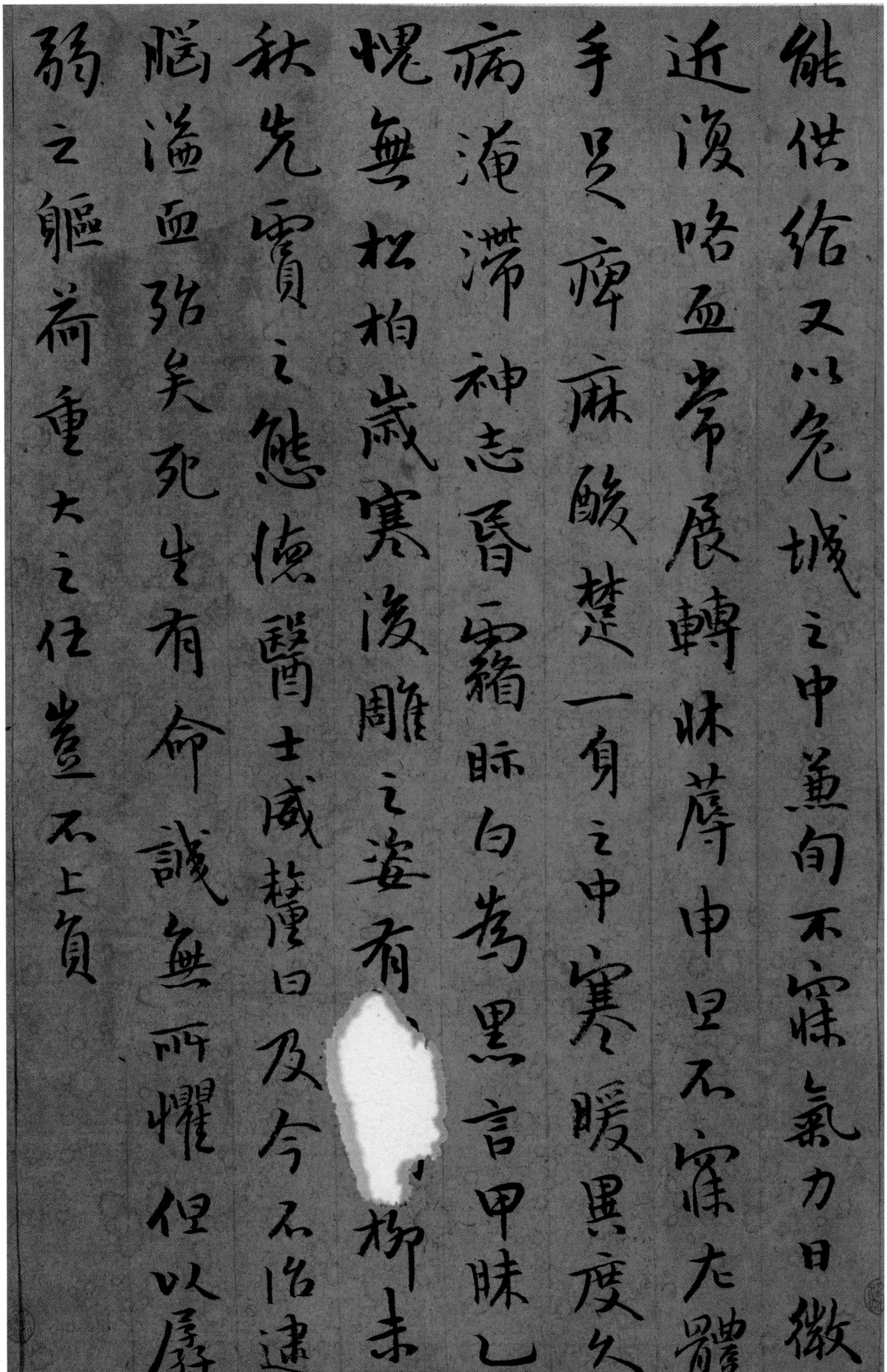

能供給。又以危城之中，兼旬不寐，氣力日微。近復咯血，常展轉床蓐，申旦不寐，左體手足，痺麻酸楚。一身之中，寒暖異度，久病淹滯，神志昏霧，眎白爲黑，言甲昧乙，愧無松柏歲寒後雕之姿，有（同蒲）柳未秋先賈之態。德醫士威釐曰：『及今不治，逮腦溢血，殆矣。』死生有命，誠無所懼，但以孱弱之軀，荷重大之任，豈不上負

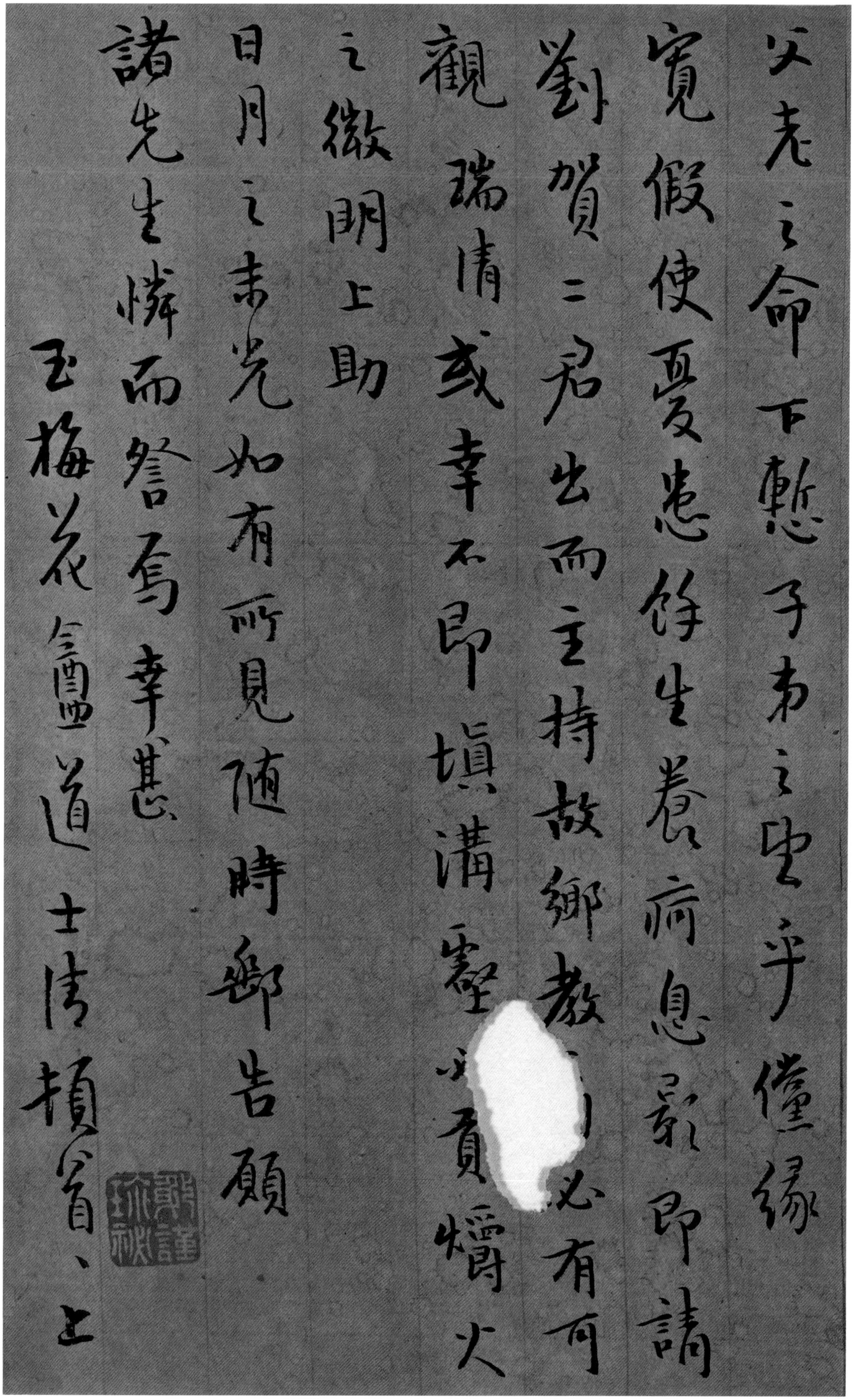

父老之命，下慸子弟之望乎。儻緣寬假，使憂患餘生，養屙息影，即請劉、賀二君出而主持，故鄉教（育）必有可觀。瑞清或幸不即填溝壑，必貢爝火之微明，上助日月之末光，如有所見，隨時郵告，願諸先生，憐而詧焉。幸甚！幸甚！

玉梅花庵道士清頓首。頓首上。

藏印：躬謹珍秘（白文）。

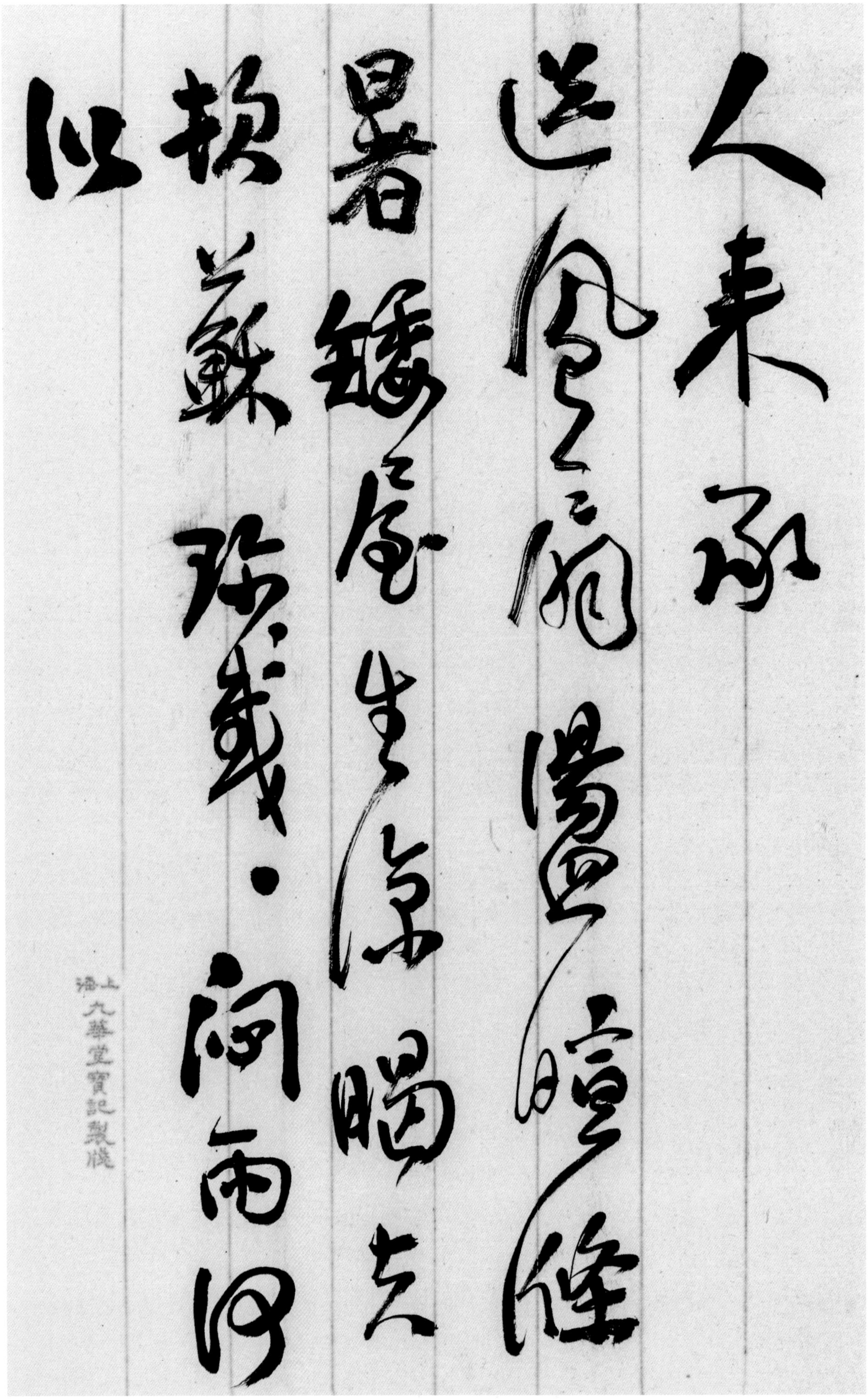

一八　致蔣國榜書　縱二六厘米　橫一六厘米

人來承送風扇，溼暄滌暑，矮屋生涼，暍去頓蘇，珍感，珍感。悶雨何以

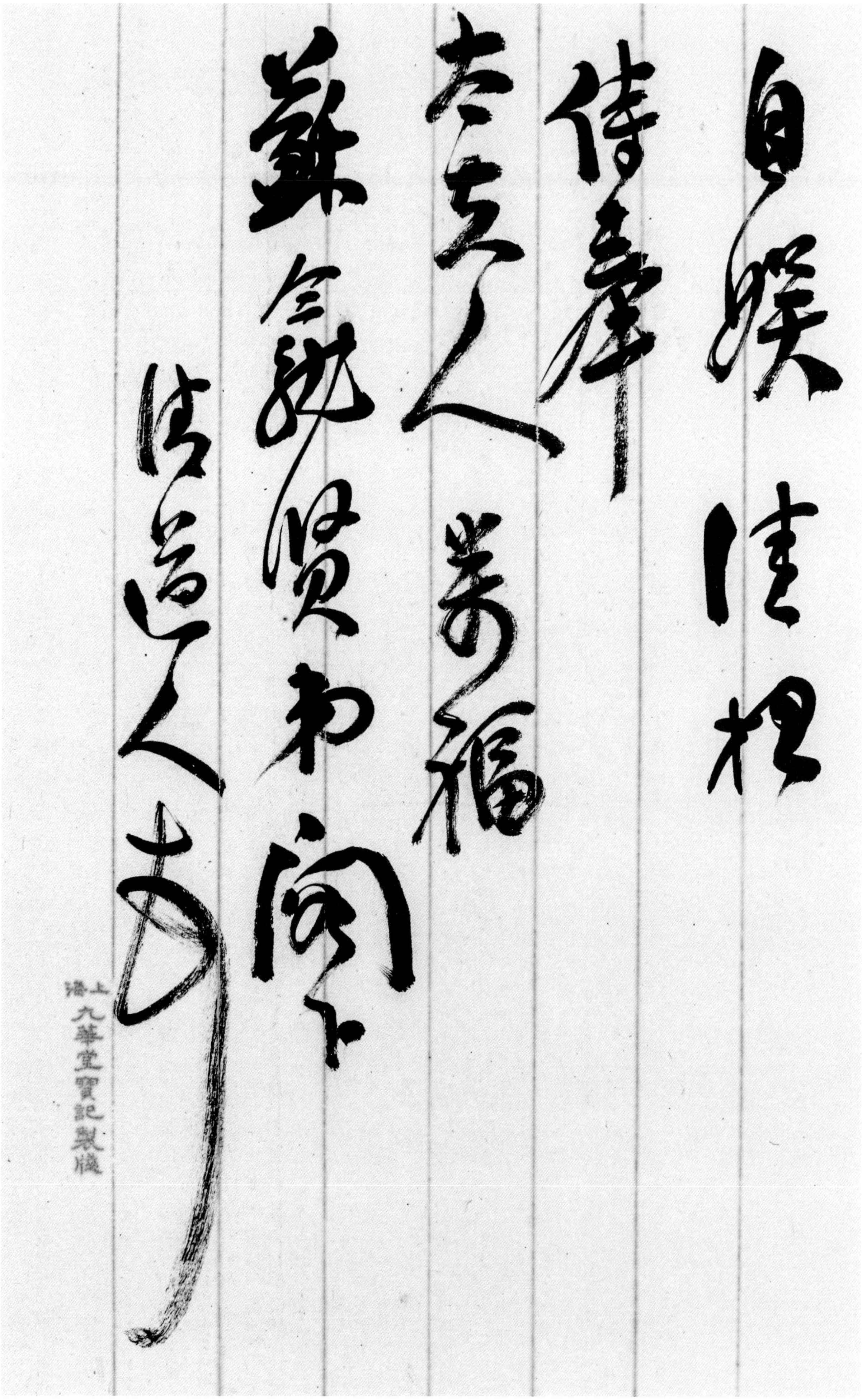
自娛佳想侍奉太夫人萬福蘇龕賢弟閣下清道人頓首

自娛佳想？侍奉太夫人萬福。蘇龕賢弟閣下。清道人頓首。

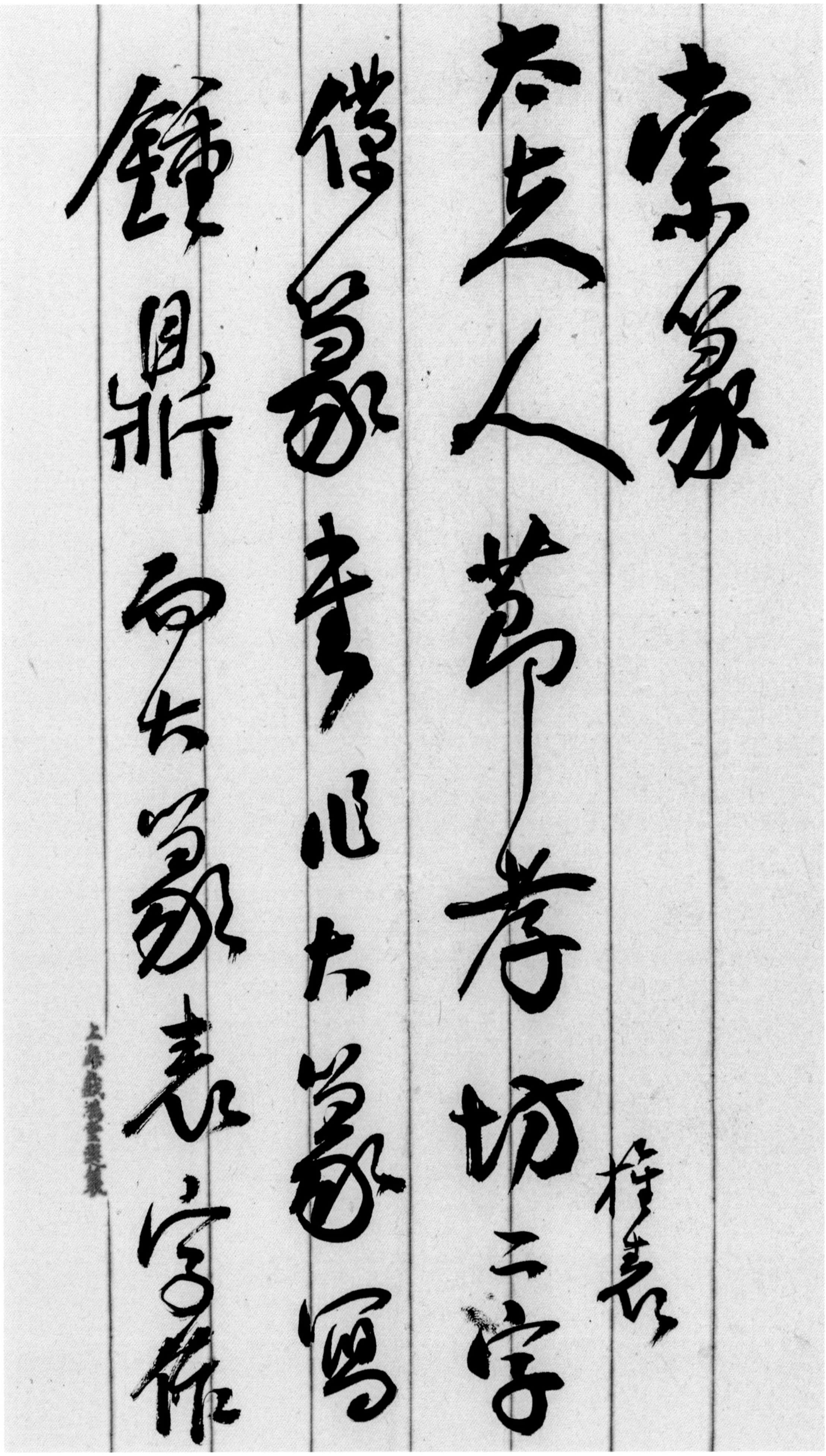
索篆
太夫人節孝坊旌表二字
僕篆書作大篆寫
鍾鼎而大篆表字作

一九　致蔣國榜書　縱二六厘米　橫一五厘米

索篆太夫人節孝坊『旌表』二字，僕篆書作大篆，寫鍾鼎而大篆，『表』字作

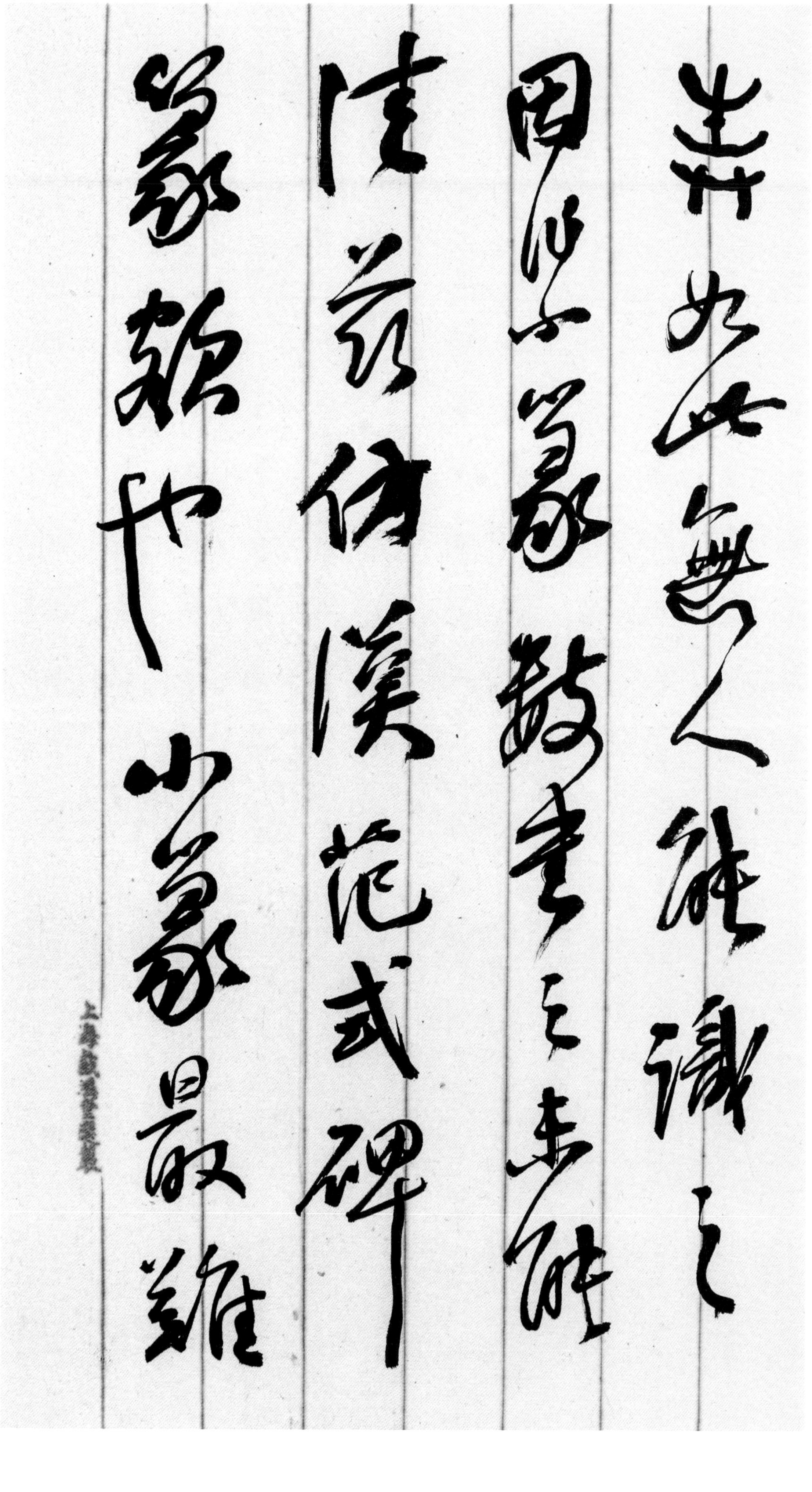

芔如此無人能識之。因作小篆，數書之未能佳，兹仿漢《范式碑》篆額也。小篆最難，

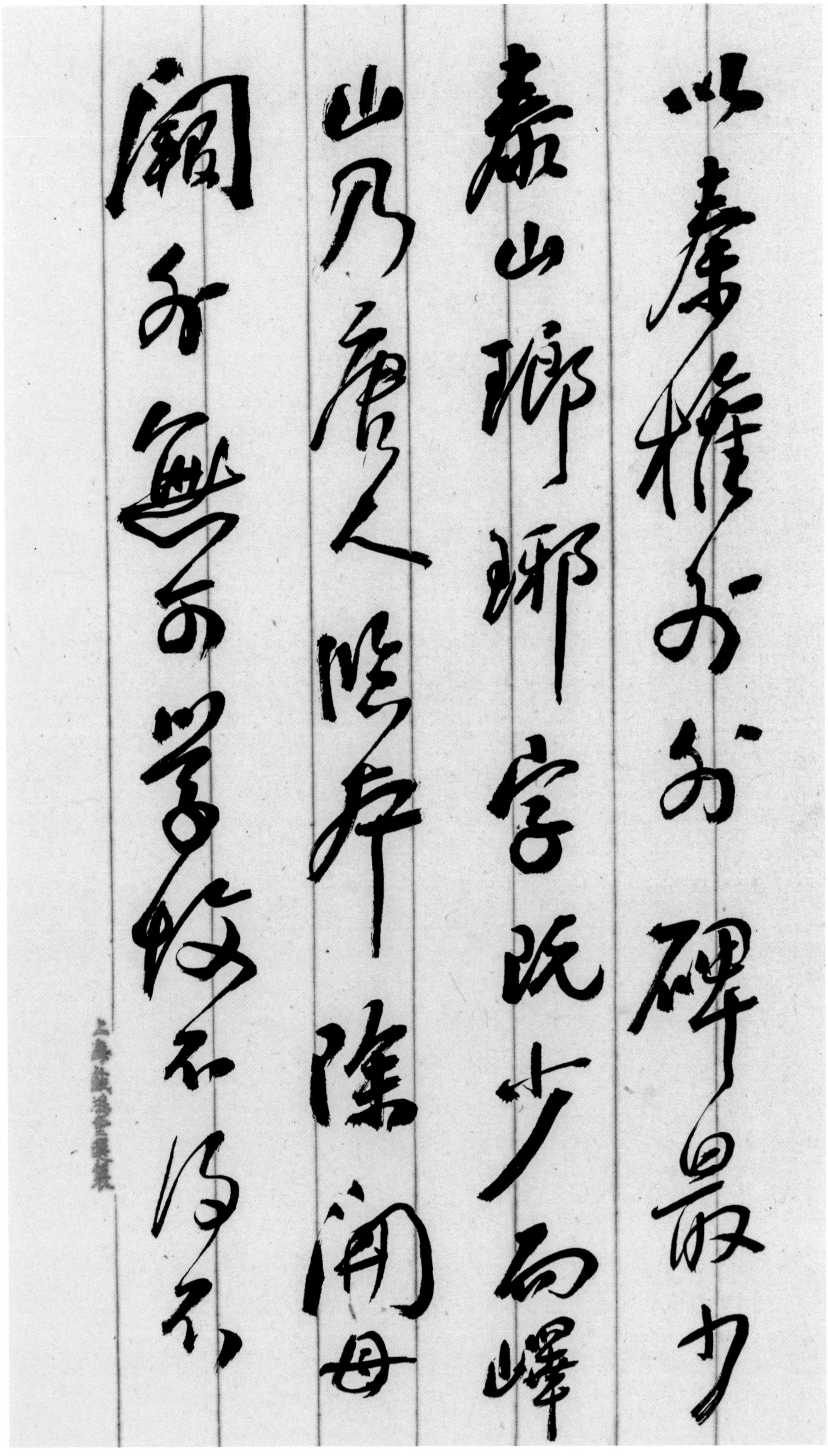

以秦權外，外碑最少，《泰山》《琅玡》字既少，而《嶧山》乃唐人臨本。除《開母闕》外，無可學，故不得不

乞靈於碑額。完白山人（鄧石如）、何道州（何紹基）皆如此，因爲坊額爲吾弟發之。蘇龕吾弟。清道人頓首。

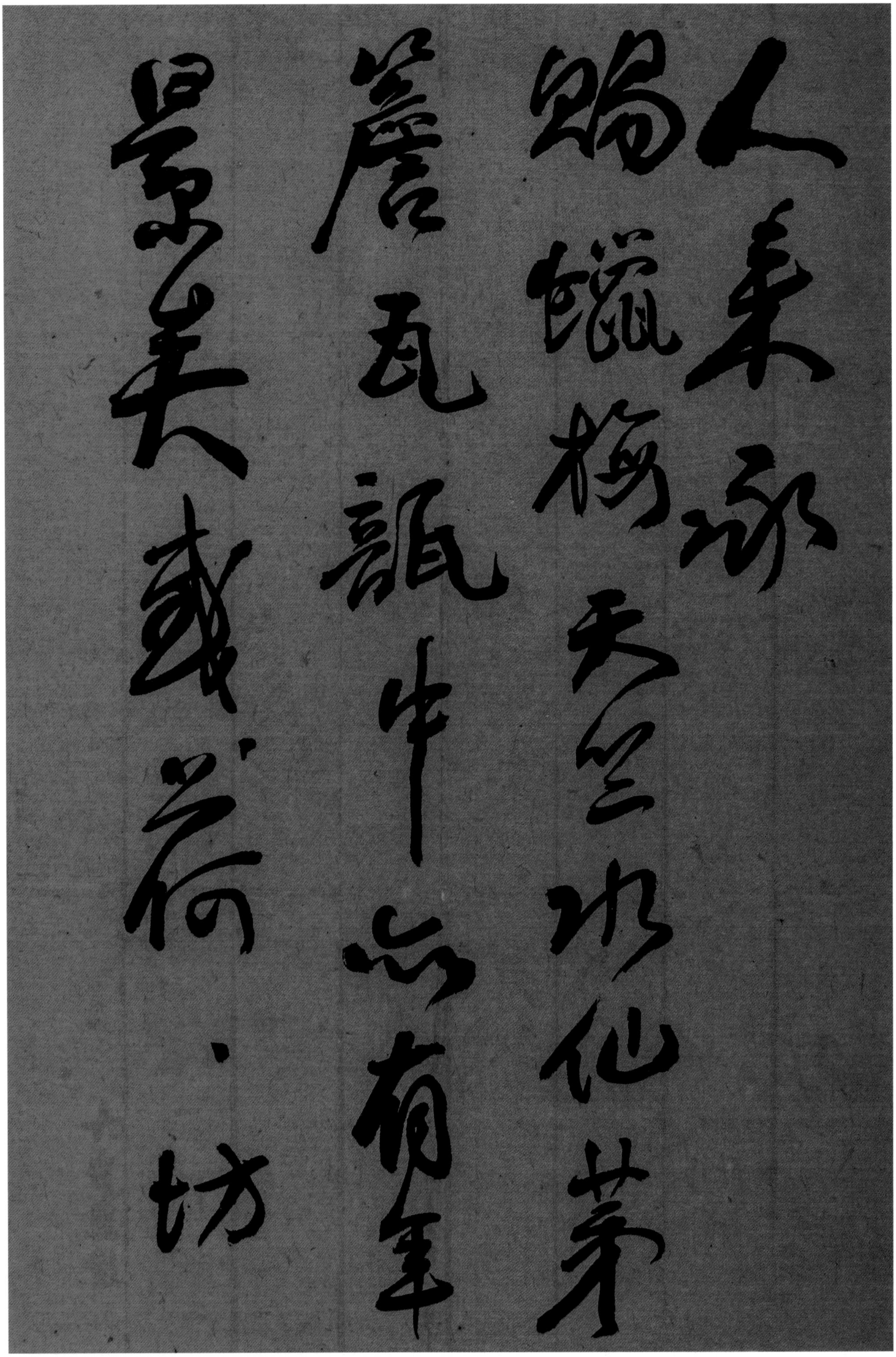

二〇 致蔣國榜書 縱二六厘米 橫一五厘米

人來承賜蠟梅、天竺、水仙，茅簷瓦瓿中亦有年景矣。感荷感荷。坊

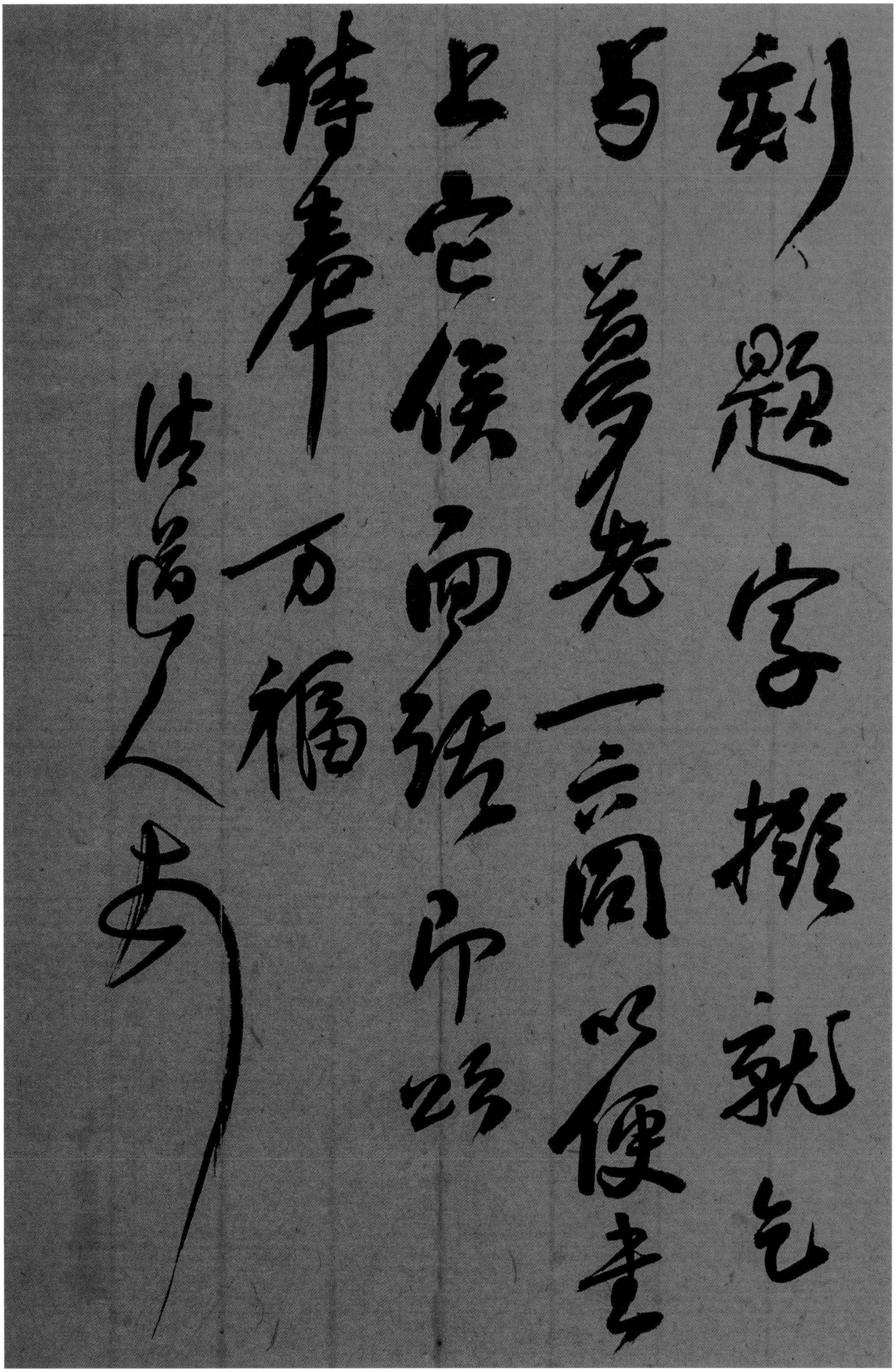

刻題字，擬就乞與夢老一商，以便書上，它俟面話。即頌侍奉萬福。清道人頓首。

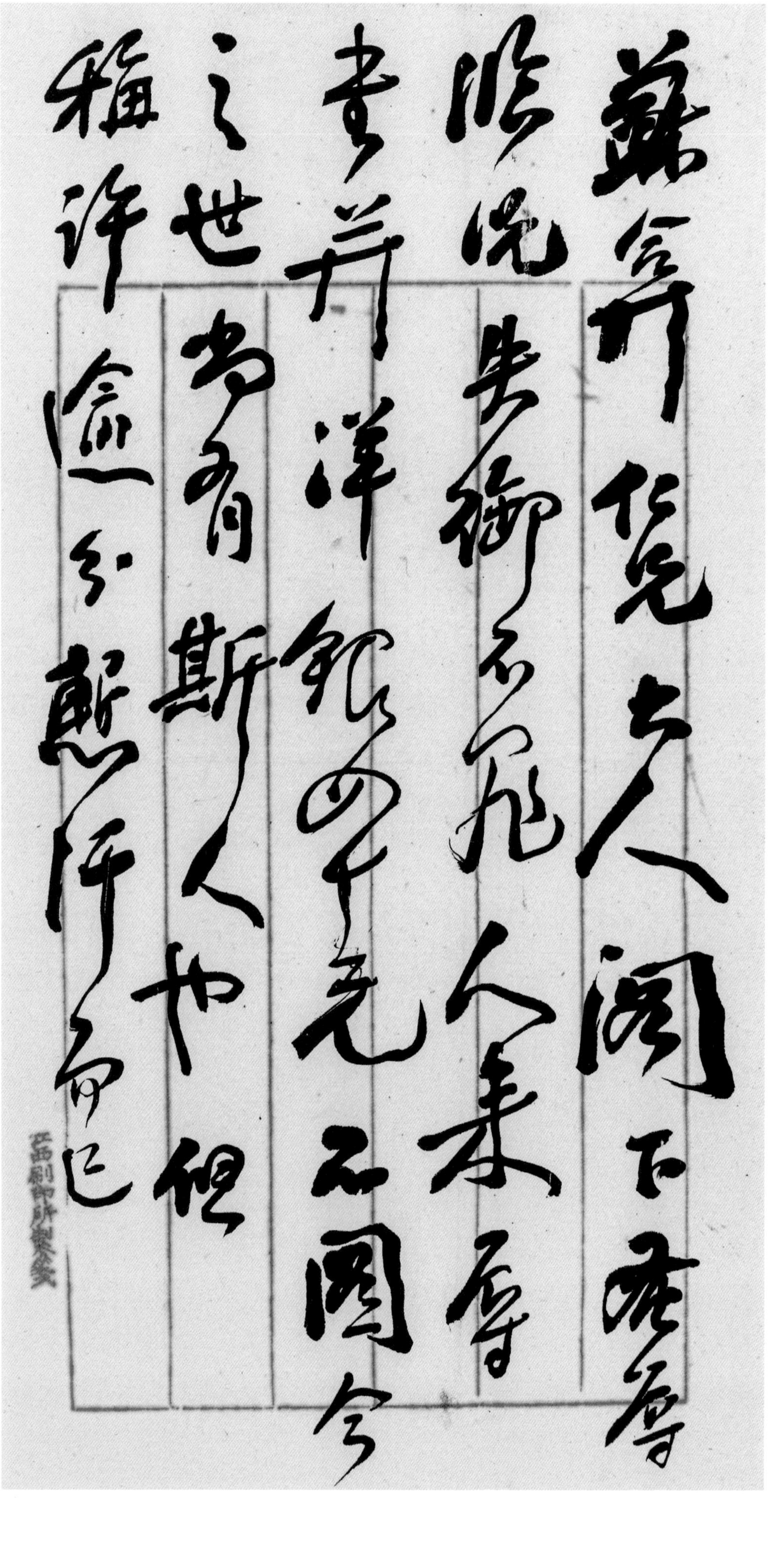

二一 致蔣國榜書 縱二六厘米 橫一五厘米

蘇弇仁兄大人閣下：蚤辱臨況，失御不罪。人來辱書，并洋銀四十元。不圖今之世，尚有斯人也。但稱許逾分，慙汗而已。

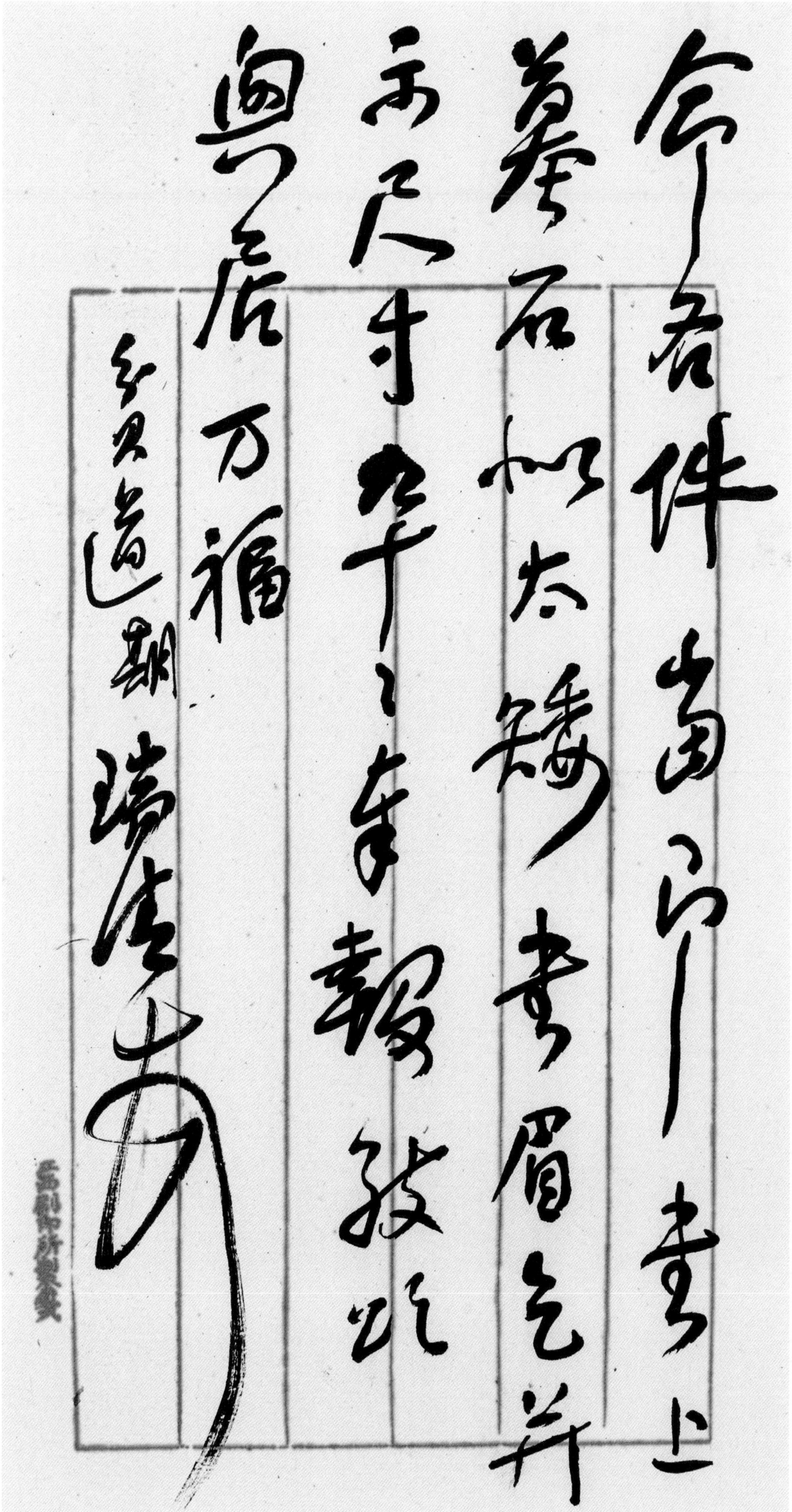

命各件，當即書上。墓石似太矮，書眉乞并示尺寸。卒卒奉報，敬頌興居萬福。貧道期瑞清頓首。

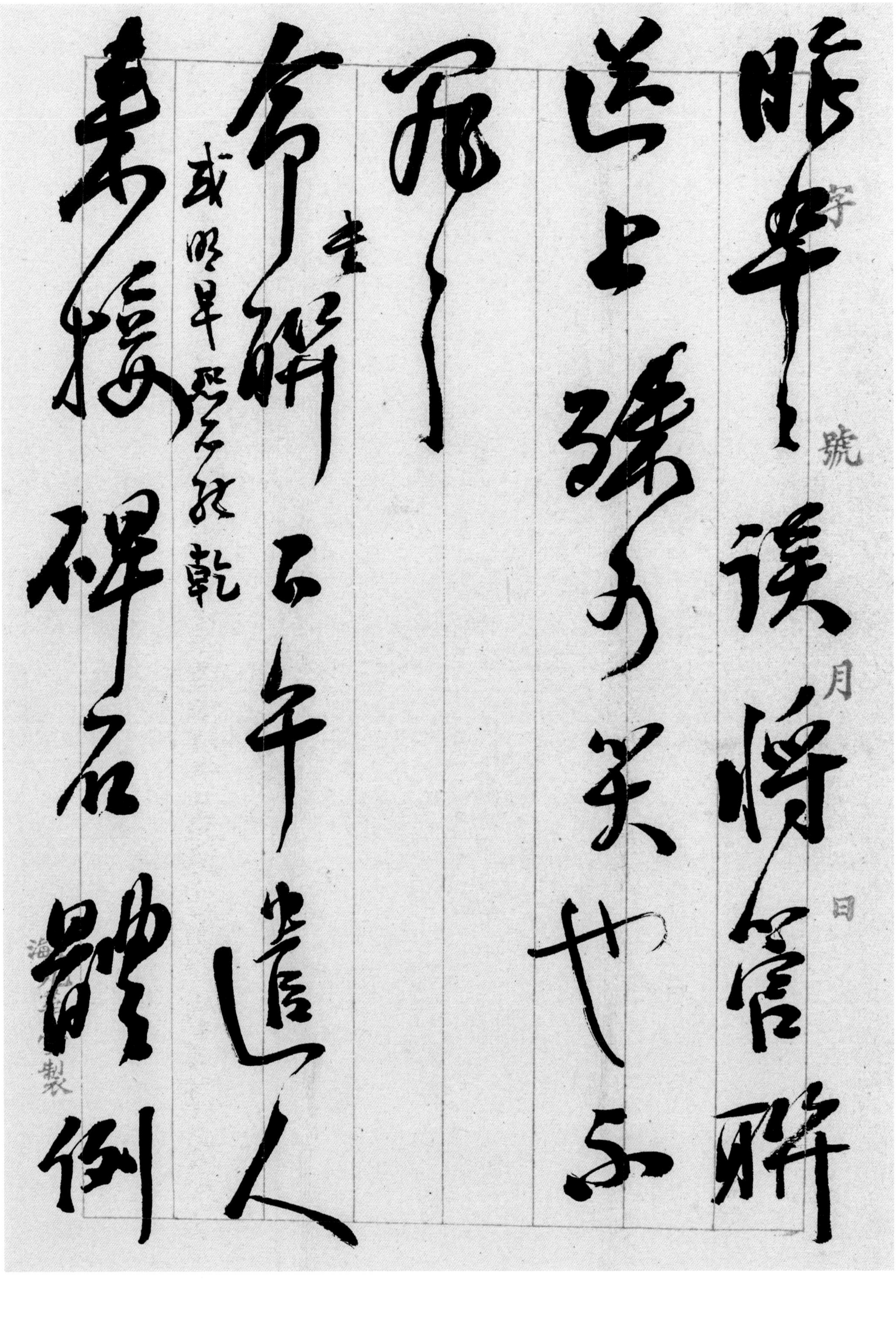

一二二 致蔣國榜書 縱二六厘米 橫一七厘米

昨卒卒誤將管聯送上，殊可笑也，不罪不罪。命書聯，下午遣人來接（或明早，恐不能乾）。碑石體例，

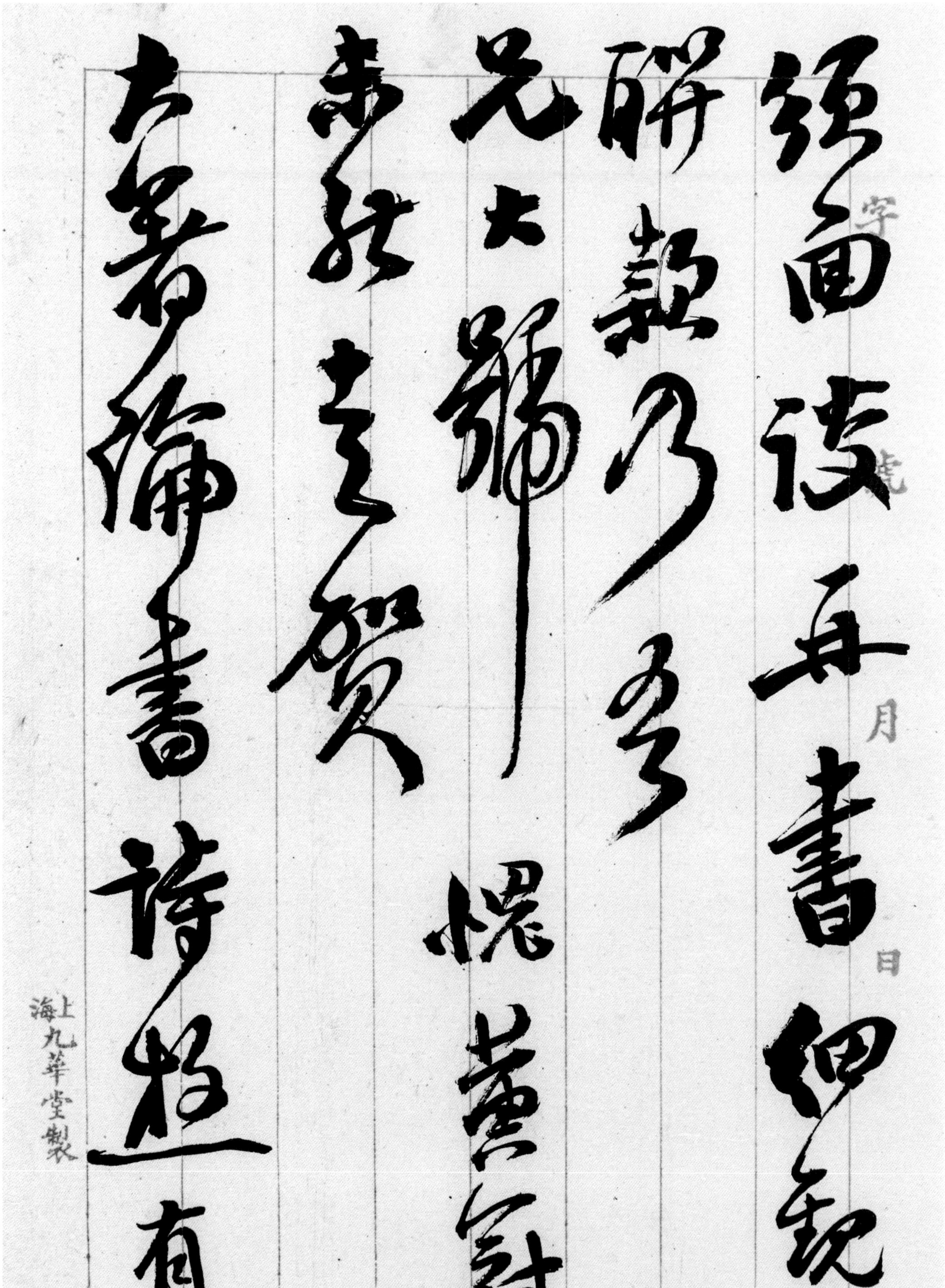

須面談再書。細觀聯款，乃吾兄大號，愧黄冠未能走賀。大箸論書詩極有

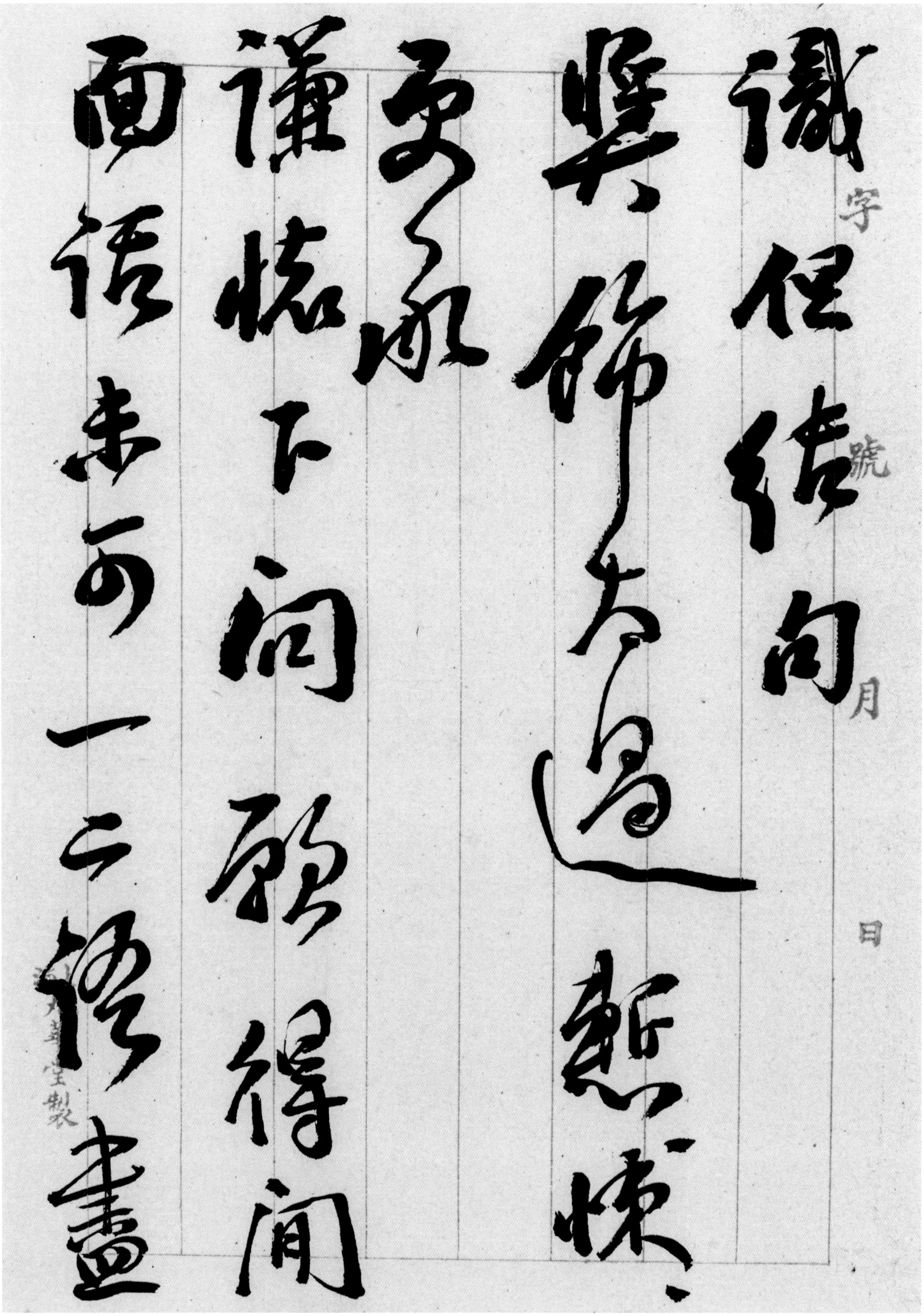
識但結句獎飾太過慙悚更承謙懷下問願得閑面話未可一二語盡

識，但結句獎飾太過，慙悚慙悚。更承謙懷下問，願得閑面話，未可一二語盡

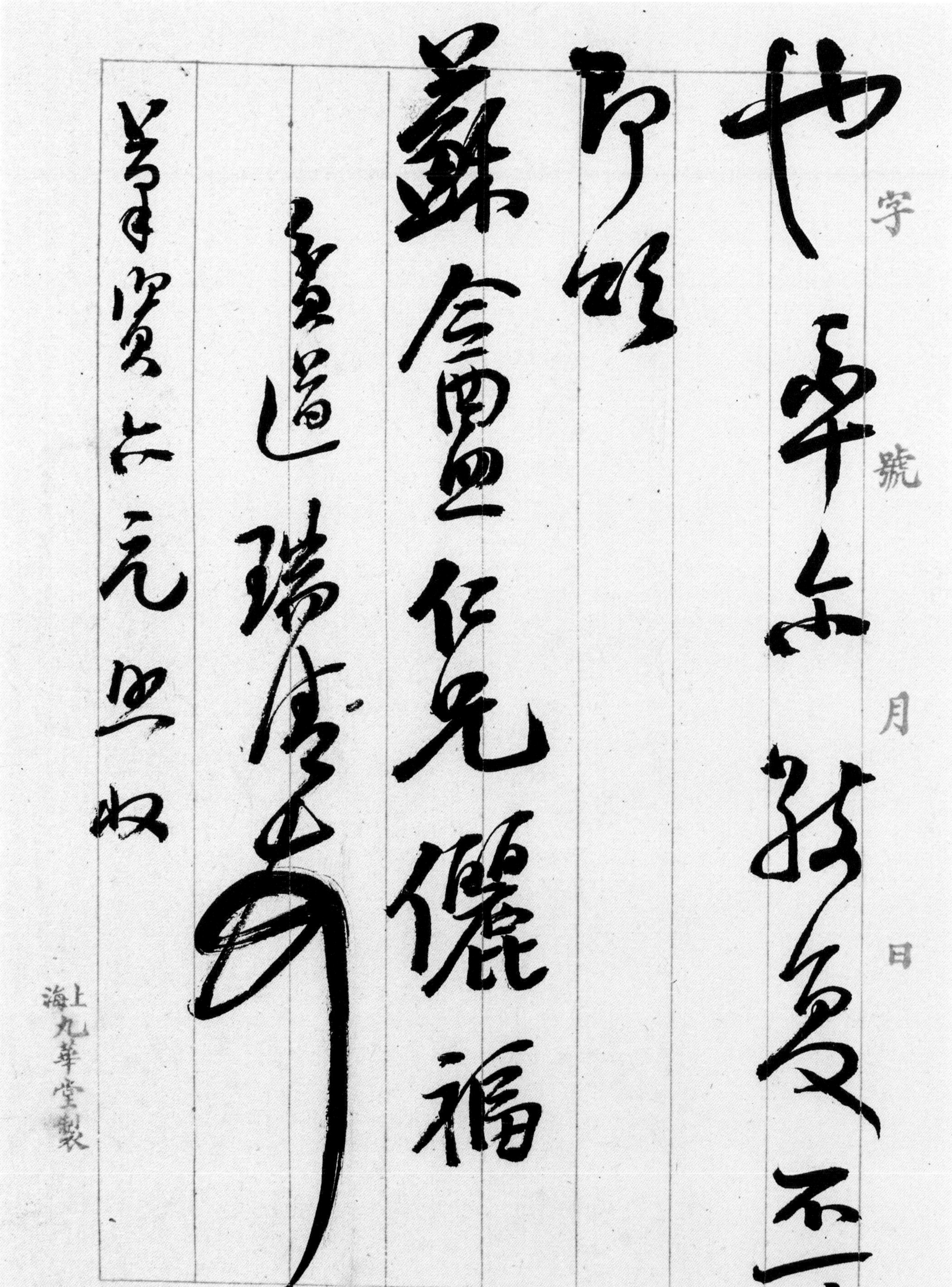

也。率爾敬復，不一一。即頌蘇盦仁兄儷福。貧道瑞清頓首。筆資六元，照收。

二三 致蔣國榜書 縱二六厘米 横一七厘米

一聯一額，書就納上。孟帥齋額，是『蒿』字否？孟帥爲家小湖叔祖門人，故

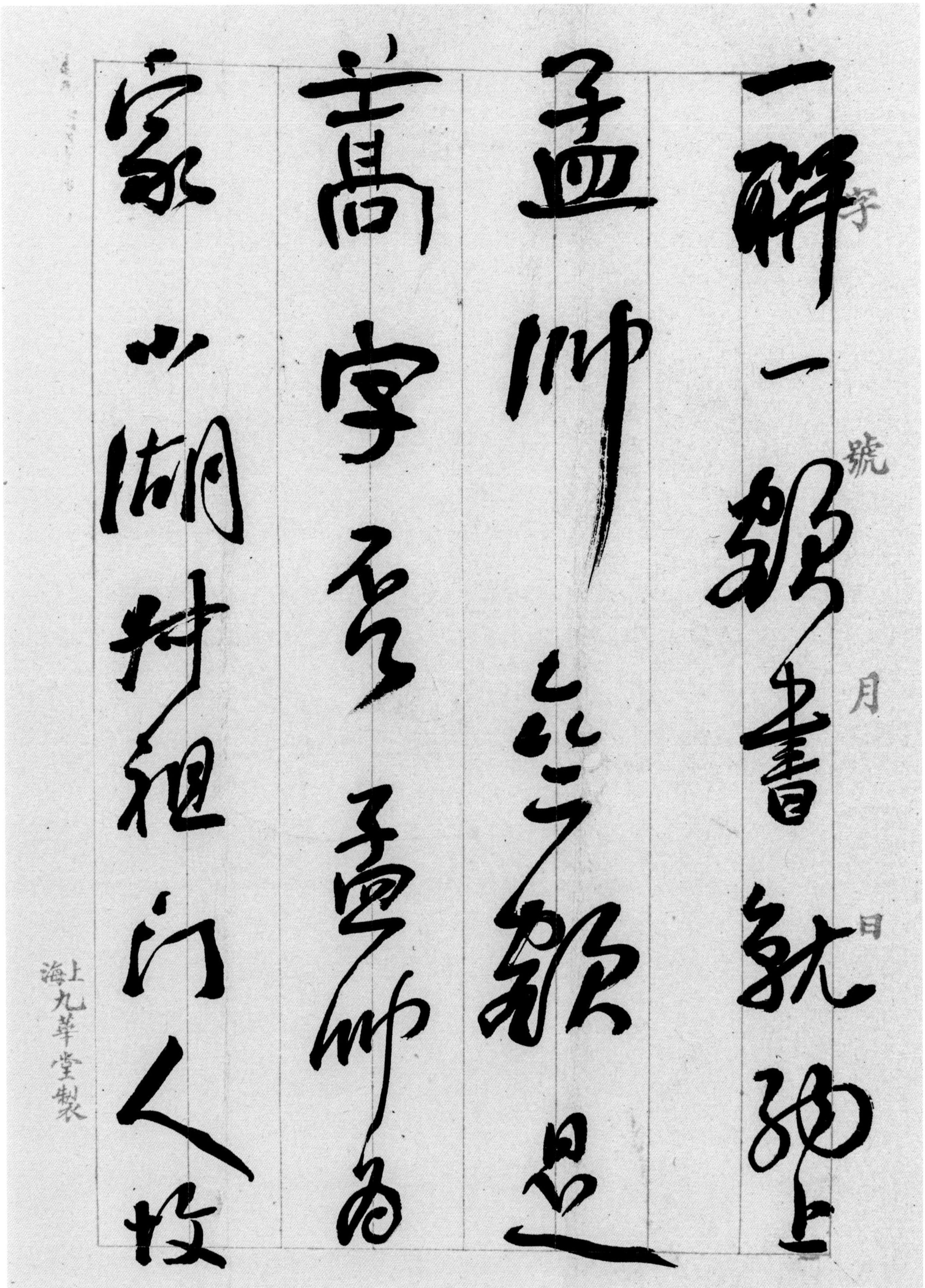
一聯一額書就納上孟帥齋額是蒿字否孟帥爲家小湖叔祖門人故

以世誼稱之。承惠金二十元，不敢當。以清之志，在以筆墨營業，故筆資受之無辭。至於友

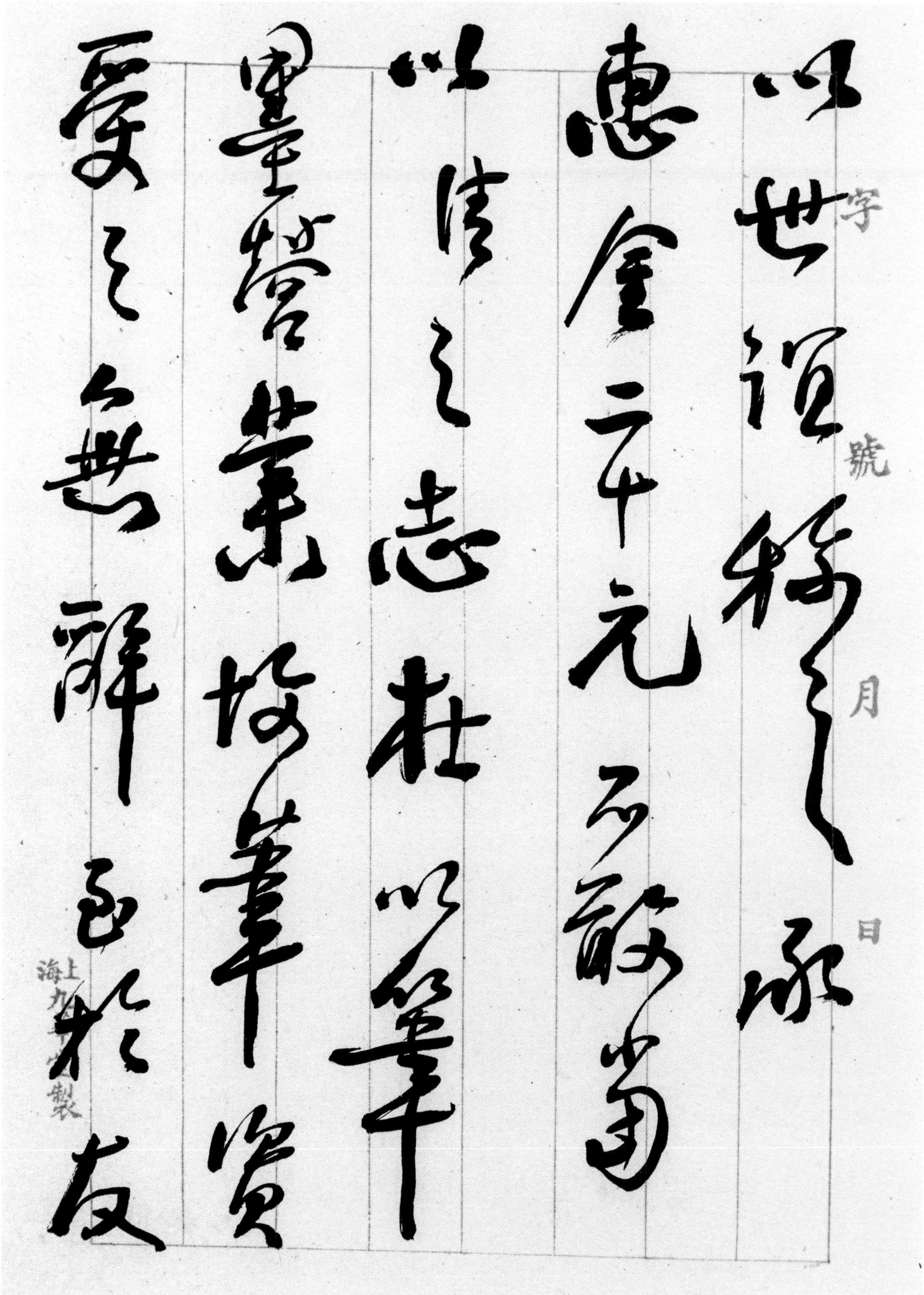

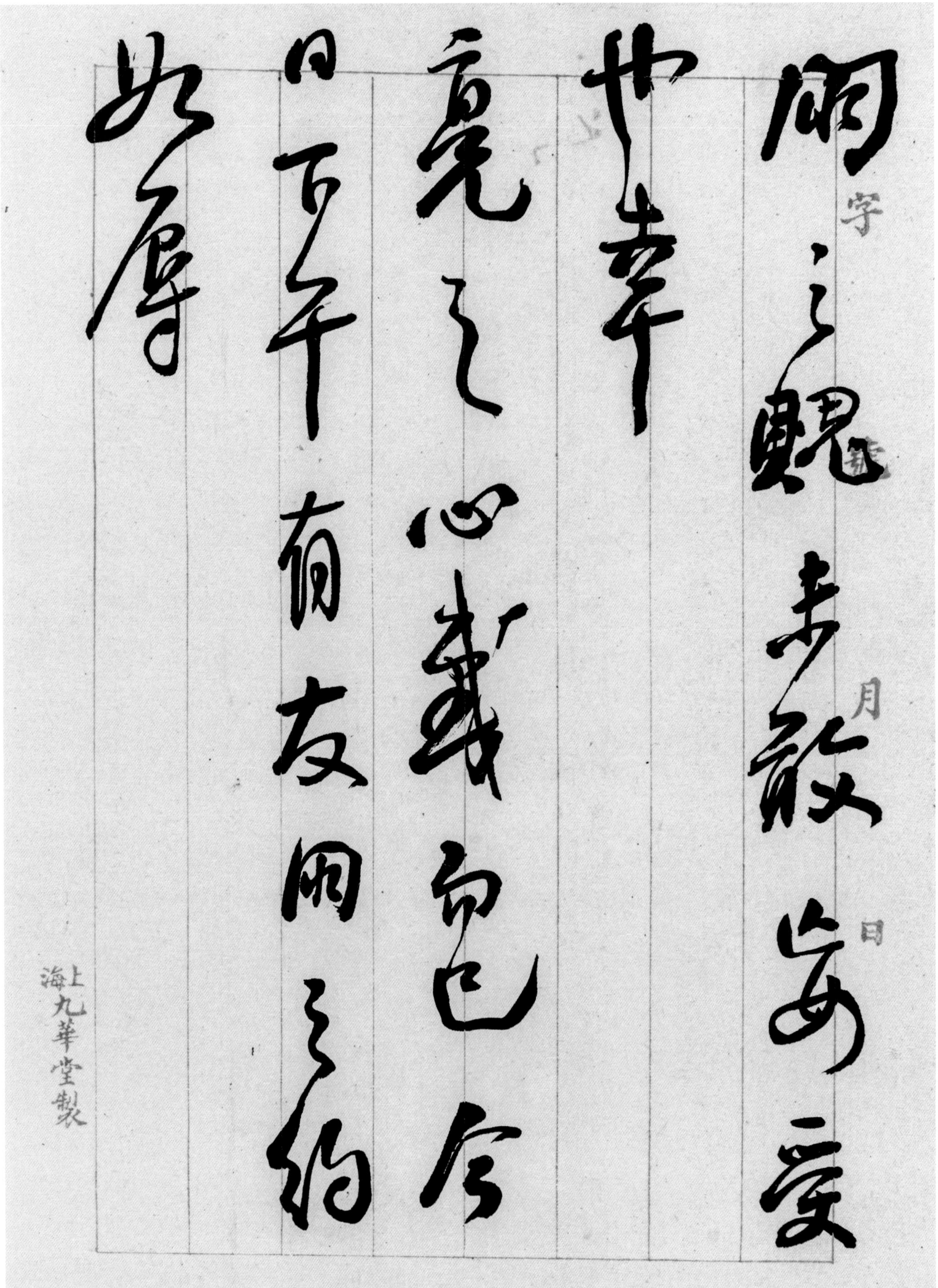
朋之魄，未敢妄受也，幸亮之，心感而已。今日下午有友朋之約，如辱
上海九華堂製

朋之魄，未敢妄受也，幸亮之，心感而已。今日下午有友朋之約，如辱

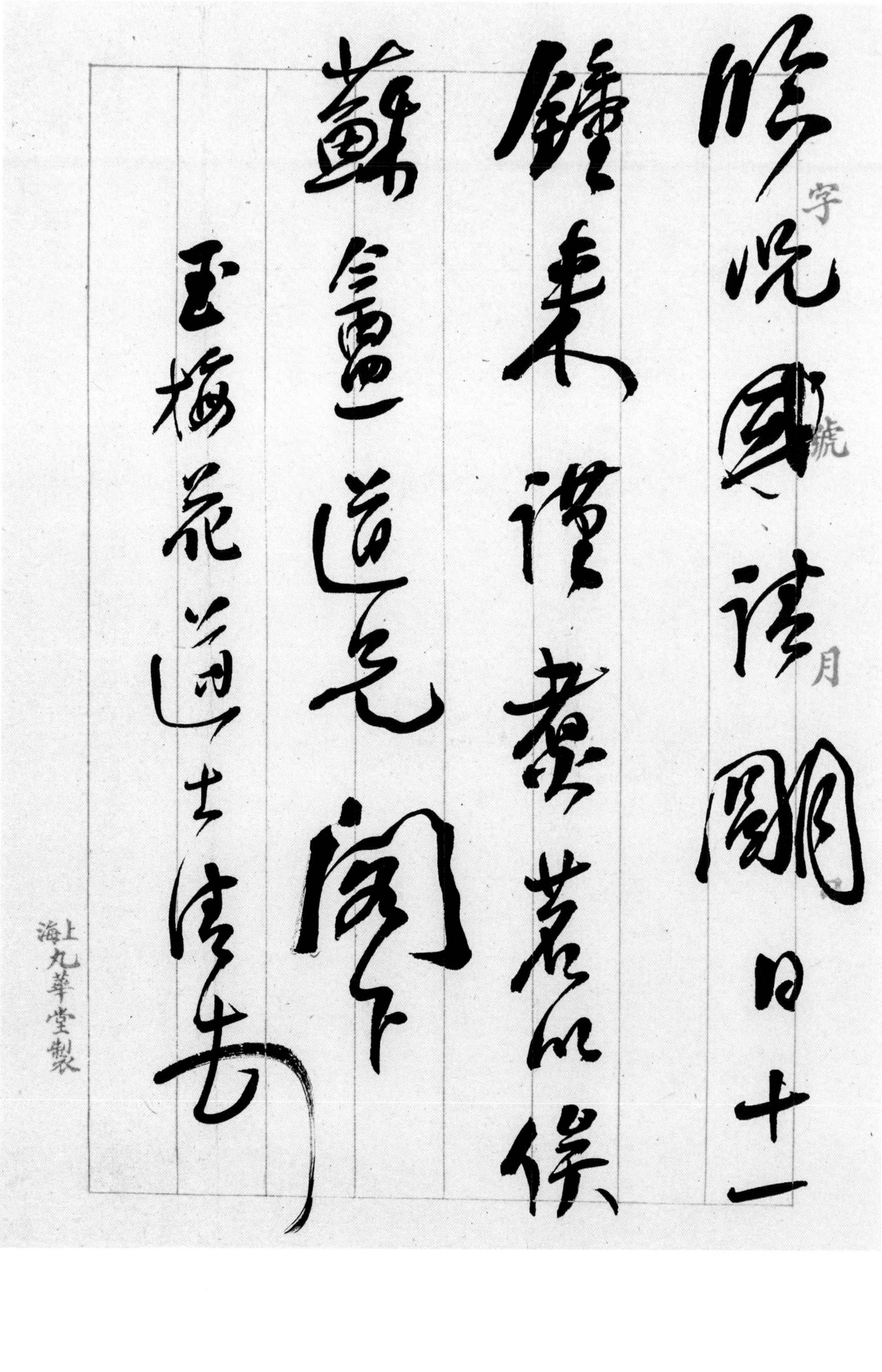

臨況，請明日十一鐘來，謹煮茗以俟。蘇盦道兄閣下。玉梅花道士清頓首。

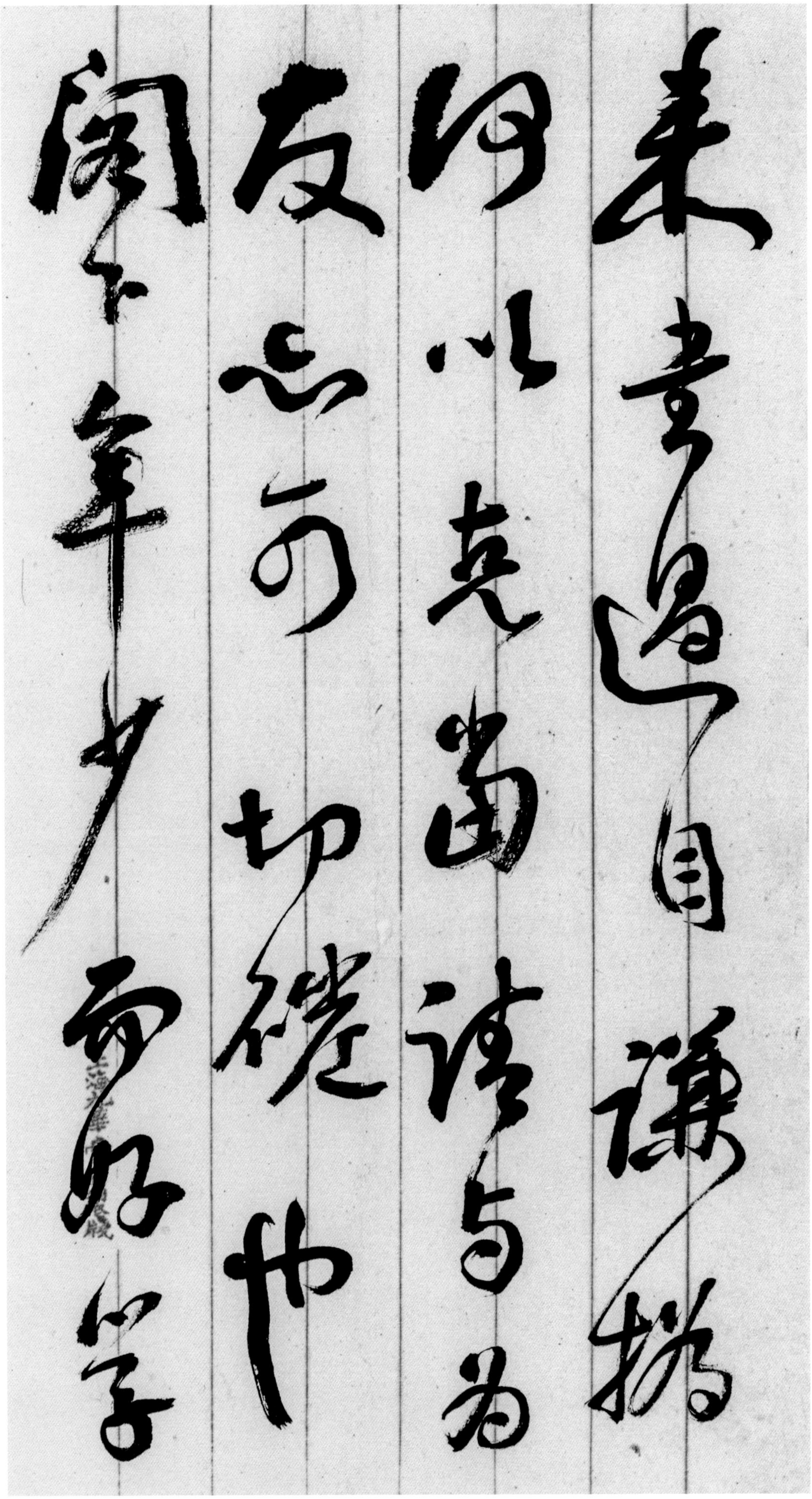

二四　致蔣國榜書　縱二六厘米　橫一七厘米

來書過目，謙撝何以克當？請與爲友，亦可切磋也。閣下年少而好學，

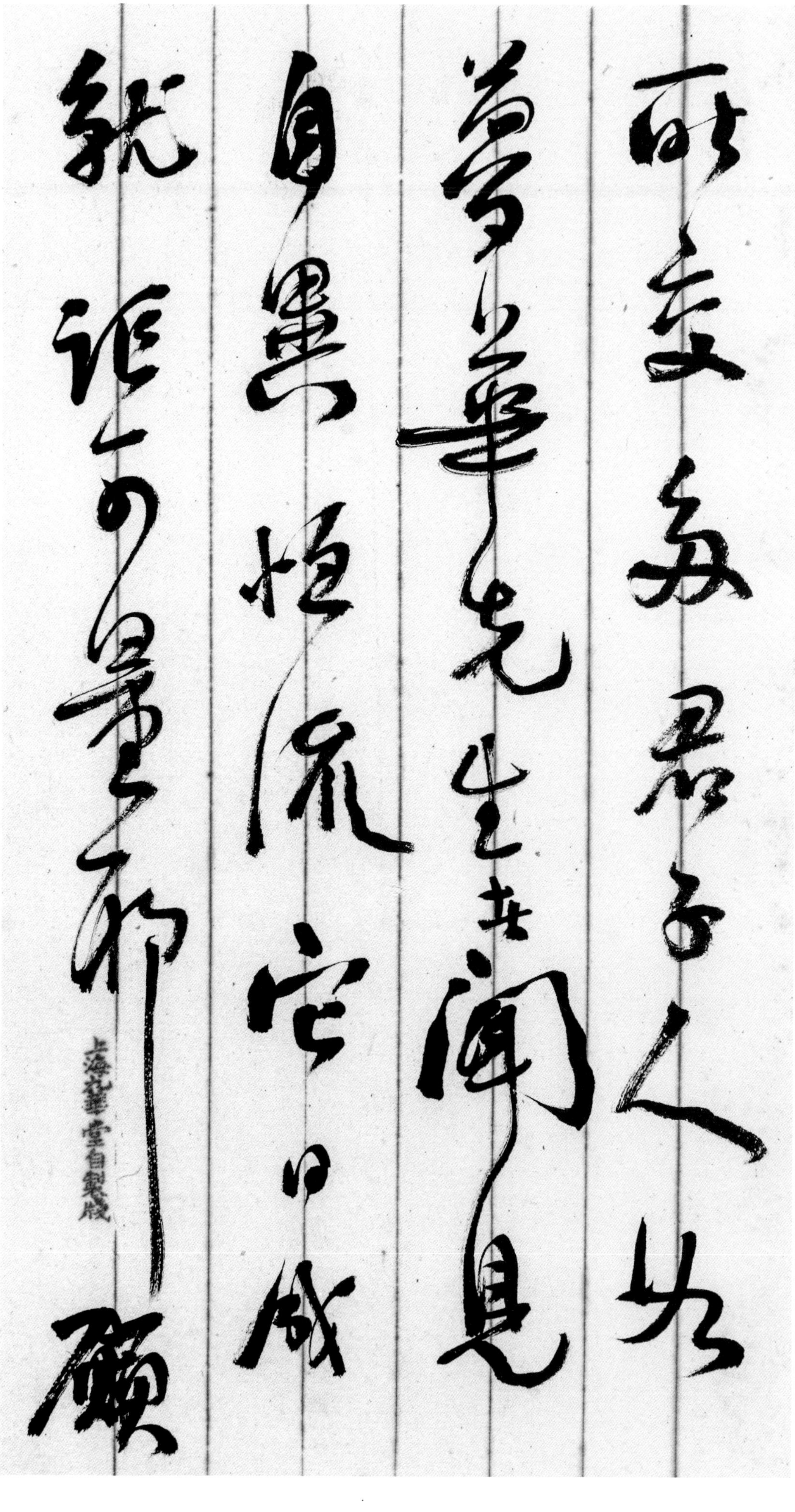

所交多君子人，如夢華先生者，聞見自異恒流，它日成就，詎可量耶！願

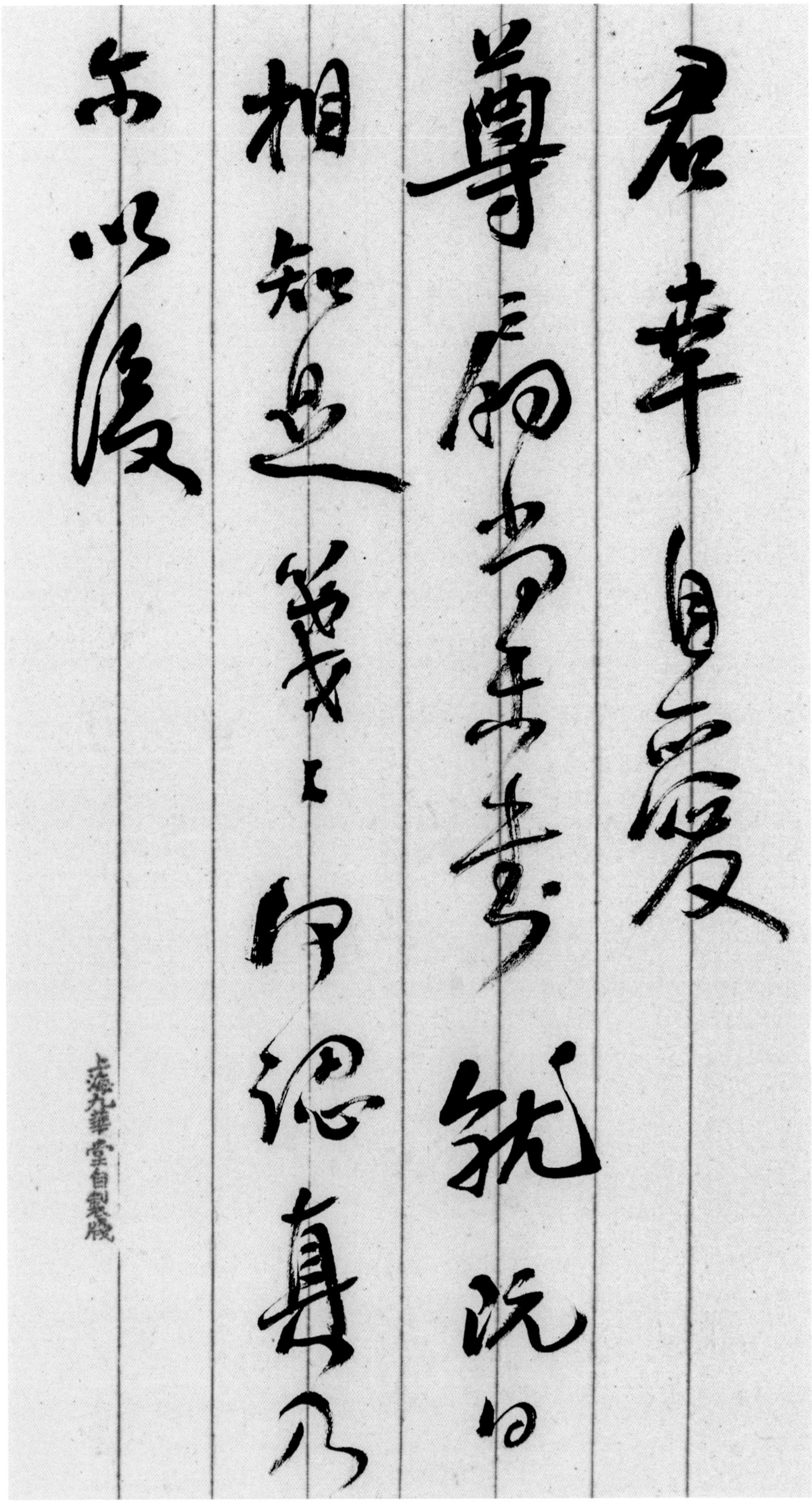
君幸自愛尊扇尚未書就既曰相知足箋箋何認真乃爾以後

上海九華堂自製箋

君幸自愛。尊扇尚未書就。既曰相知足，箋箋何認真乃爾，以後

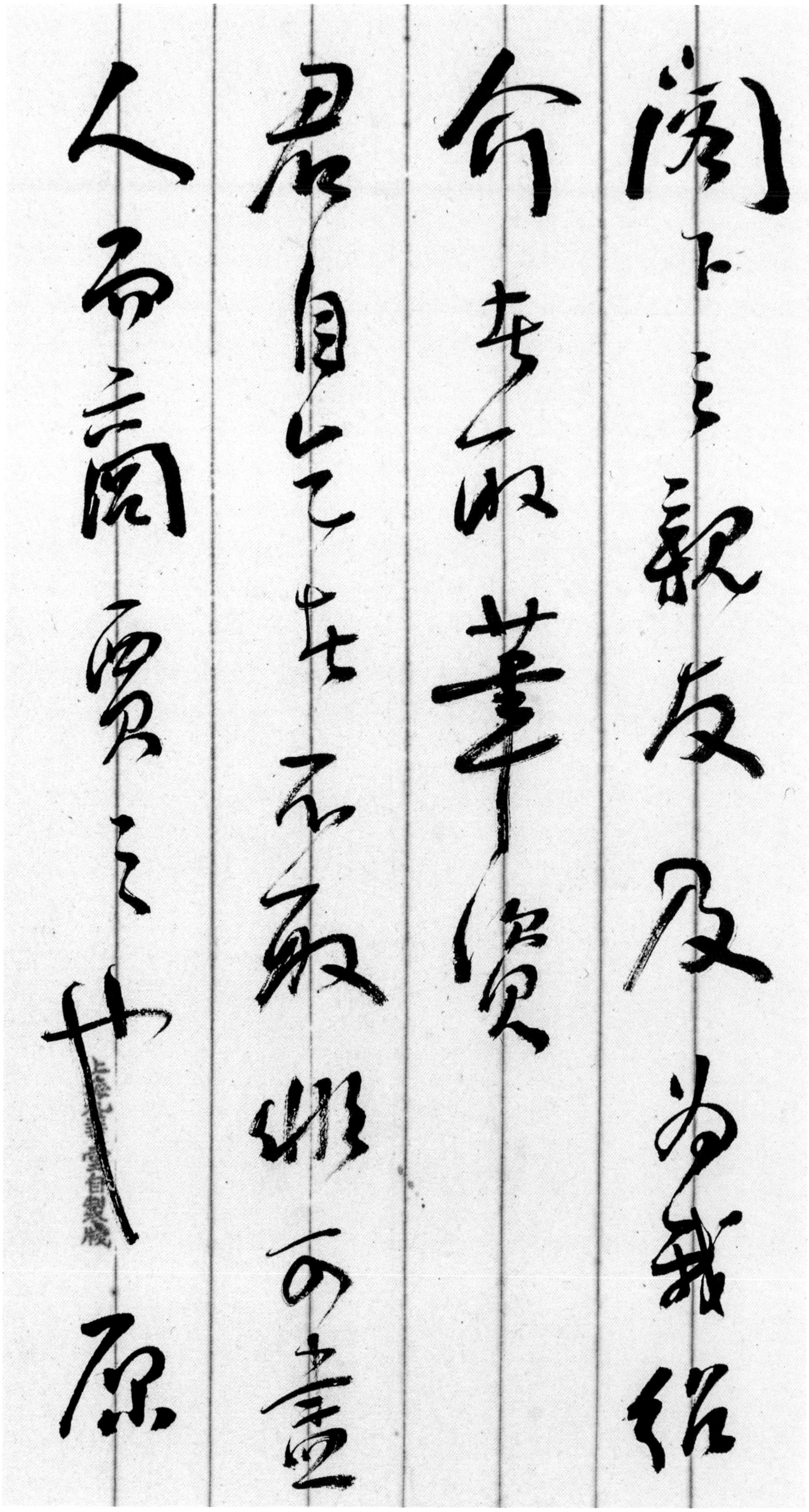

閣下之親友及爲我紹介者取筆資，君自乞者不取，非可盡人而商賈之也。原

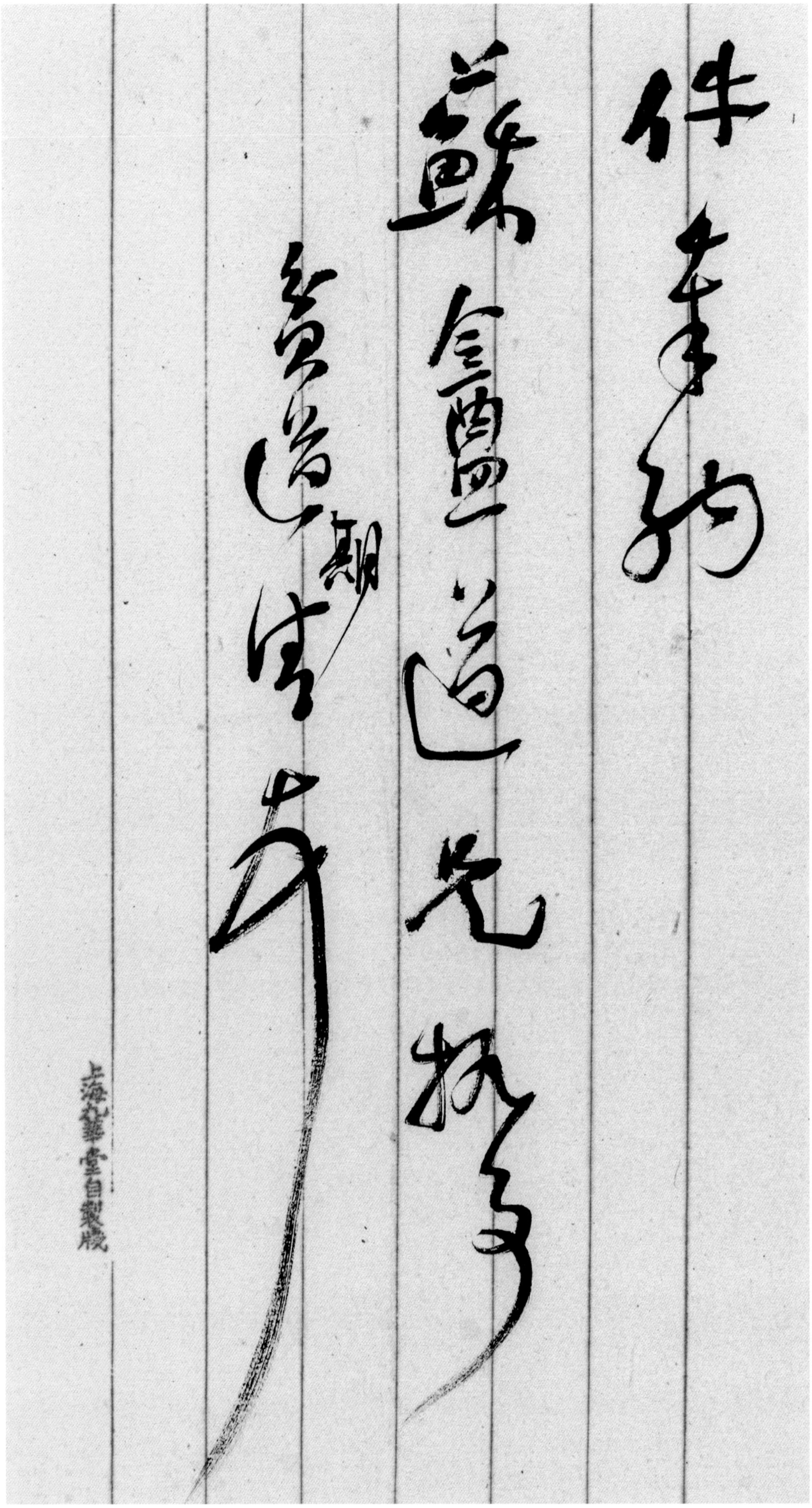

件奉納。蘇盦道兄執事。貧道期清頓首。

二五　致四弟書　縱二六厘米　横十二・五厘米

四弟手足：頃於遞中得來書，令人憤懣填胸。但此事須先斟酌不可孟浪，吾弟隻身獨行，尤爲不妥。擬寫一信與岑家，看它如何

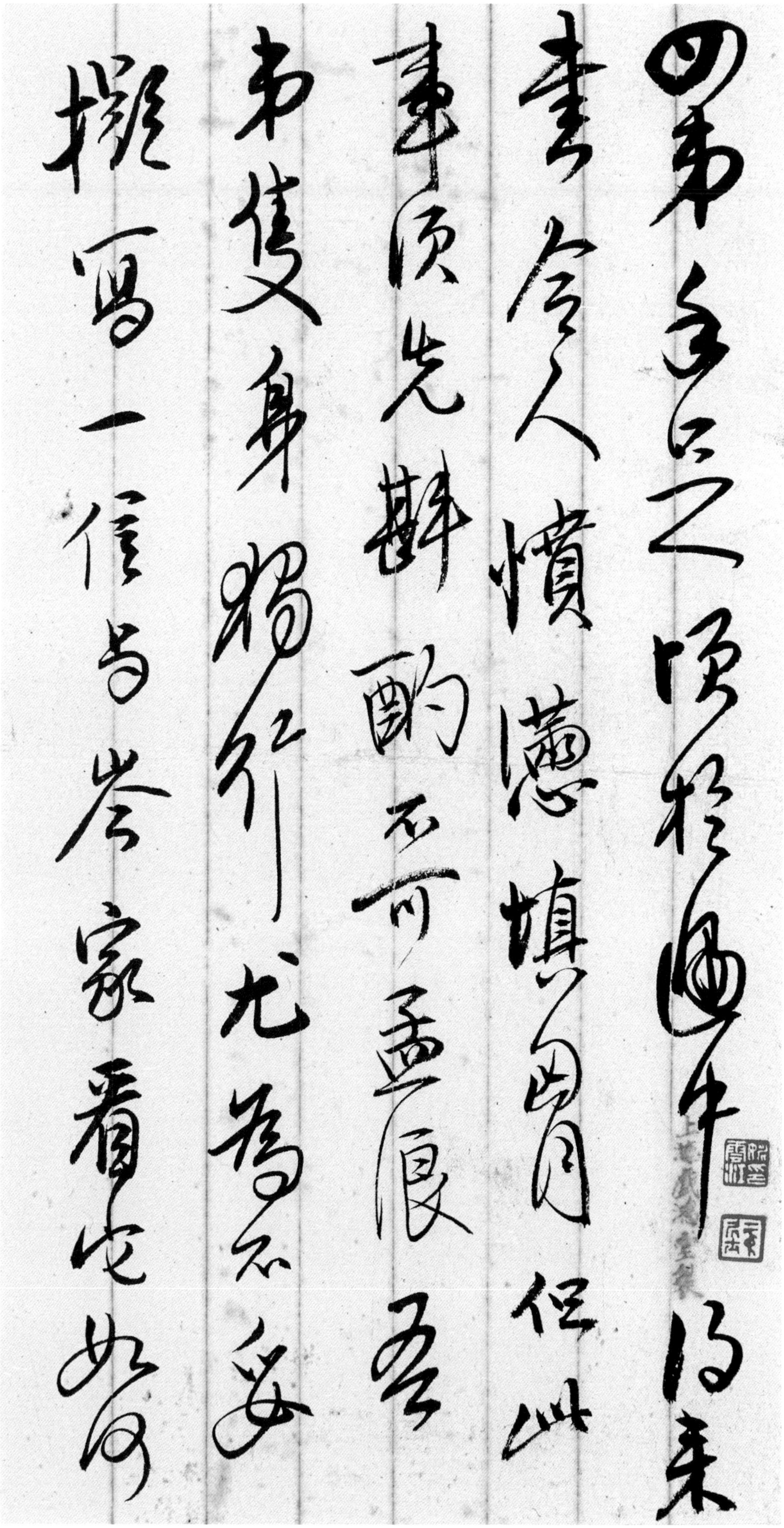

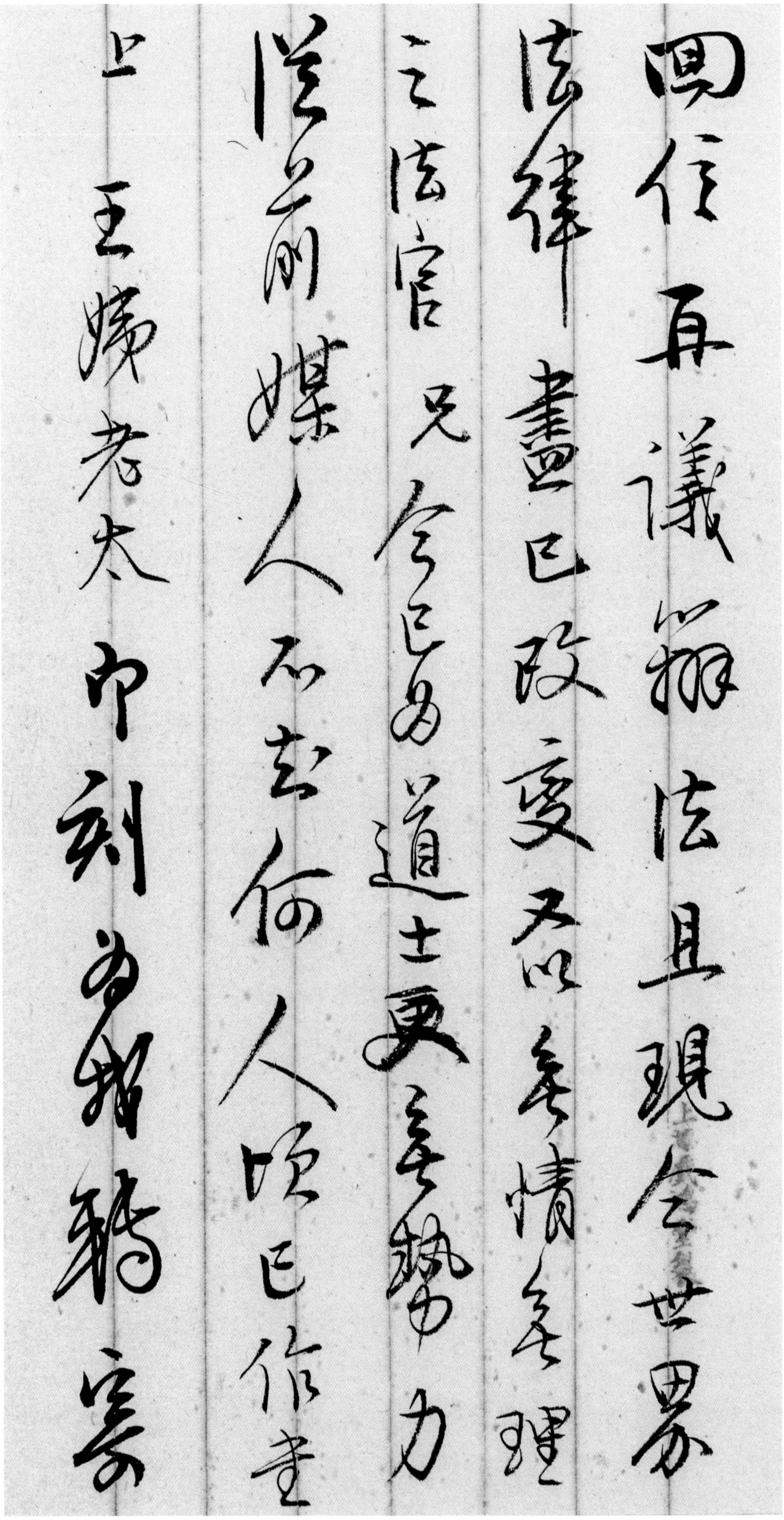

回信再議辦法。且現今世界法律盡已改變，又以無情無理之法官。兄今已爲道士，更無勢力。從前媒人不知何人？頃已作書上王姨老太，即刻爲我轉寄，

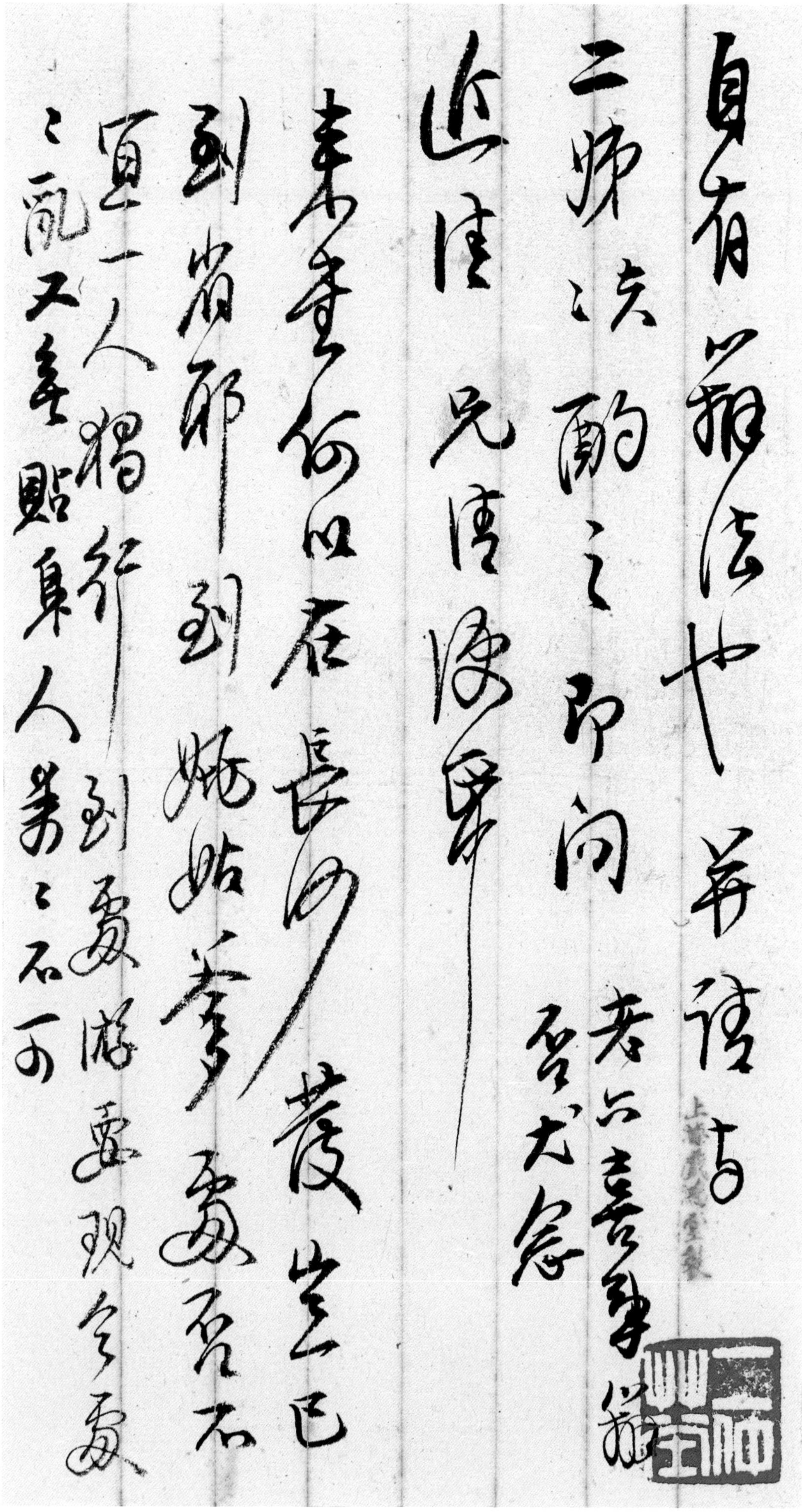

自有辦法也。并請與二姊决酌之，即問近佳。兄清便啓。老六喜事辦否？尤念。來書何以在長沙發？豈已到省耶？到姚姑爹處否？不宜一人獨行，到處游耍。現今處處亂，又無貼身人，萬萬不可。

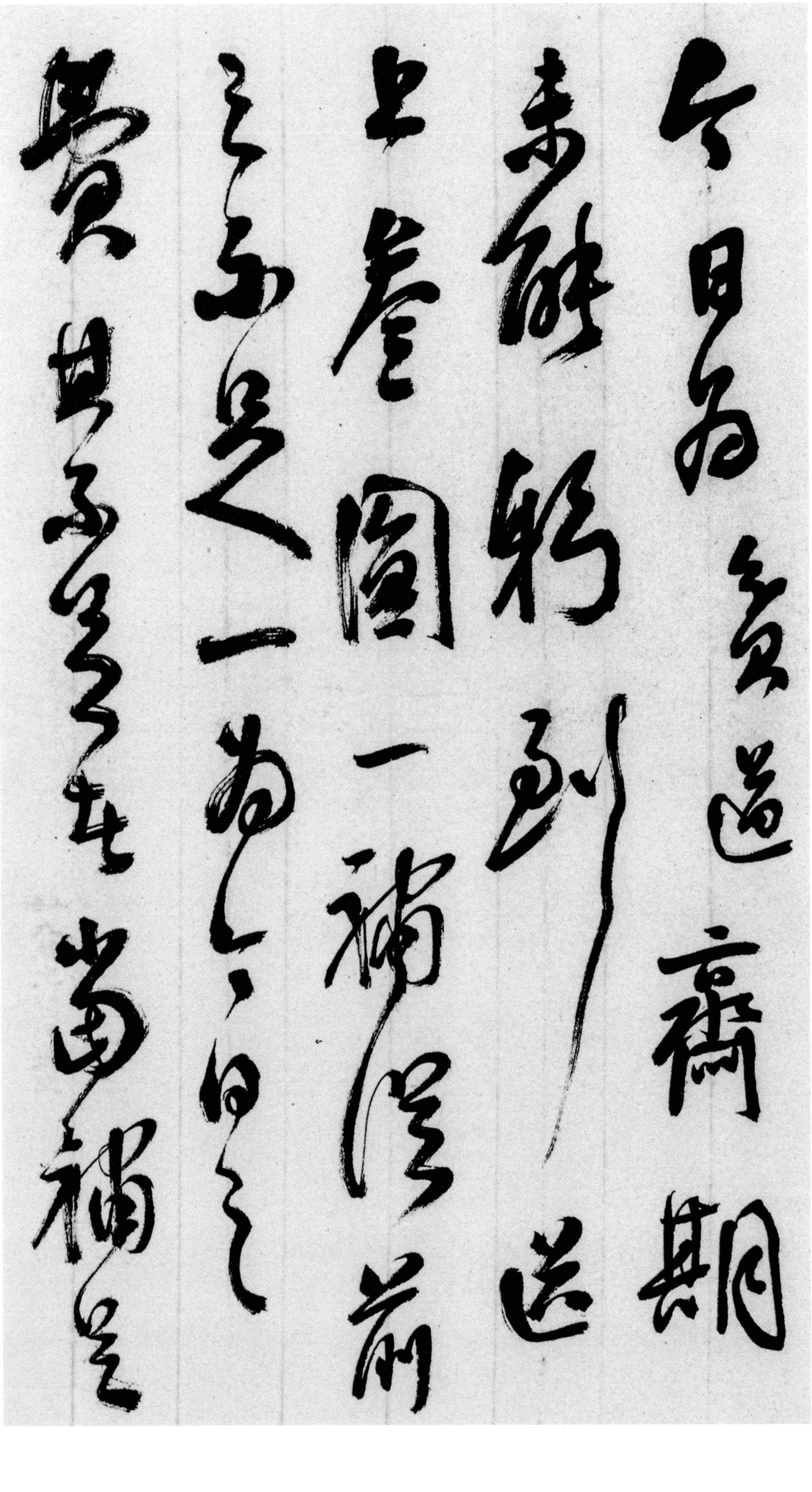

二六　致王仁東書　縱二六厘米　横一六厘米

今日爲貧道齋期，未能躬到。送上三圓，一補從前之不足，一爲今日之費，其不足者，當補足

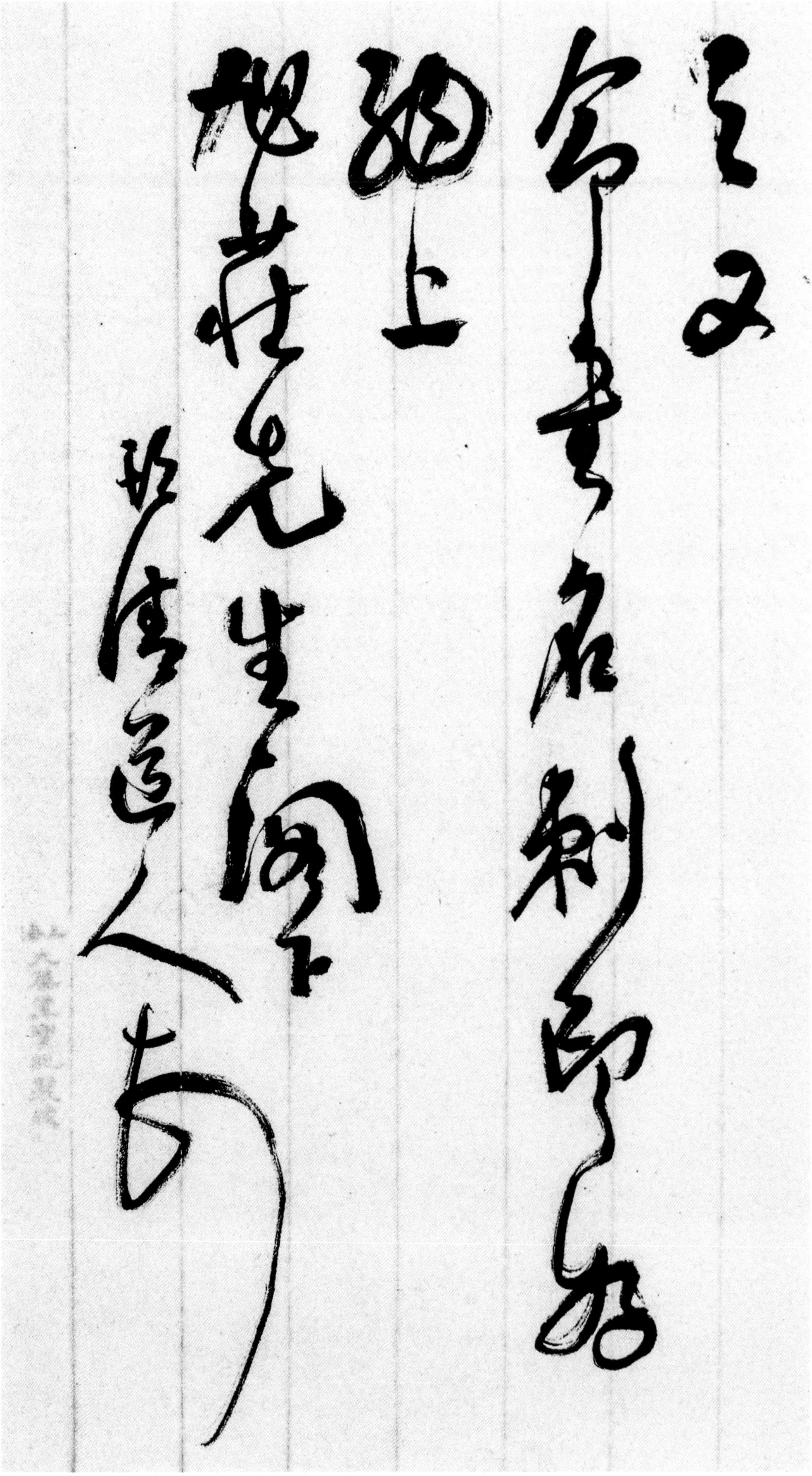

之。又命書名刺，印好納上。旭莊先生閣下。期清道人頓首。

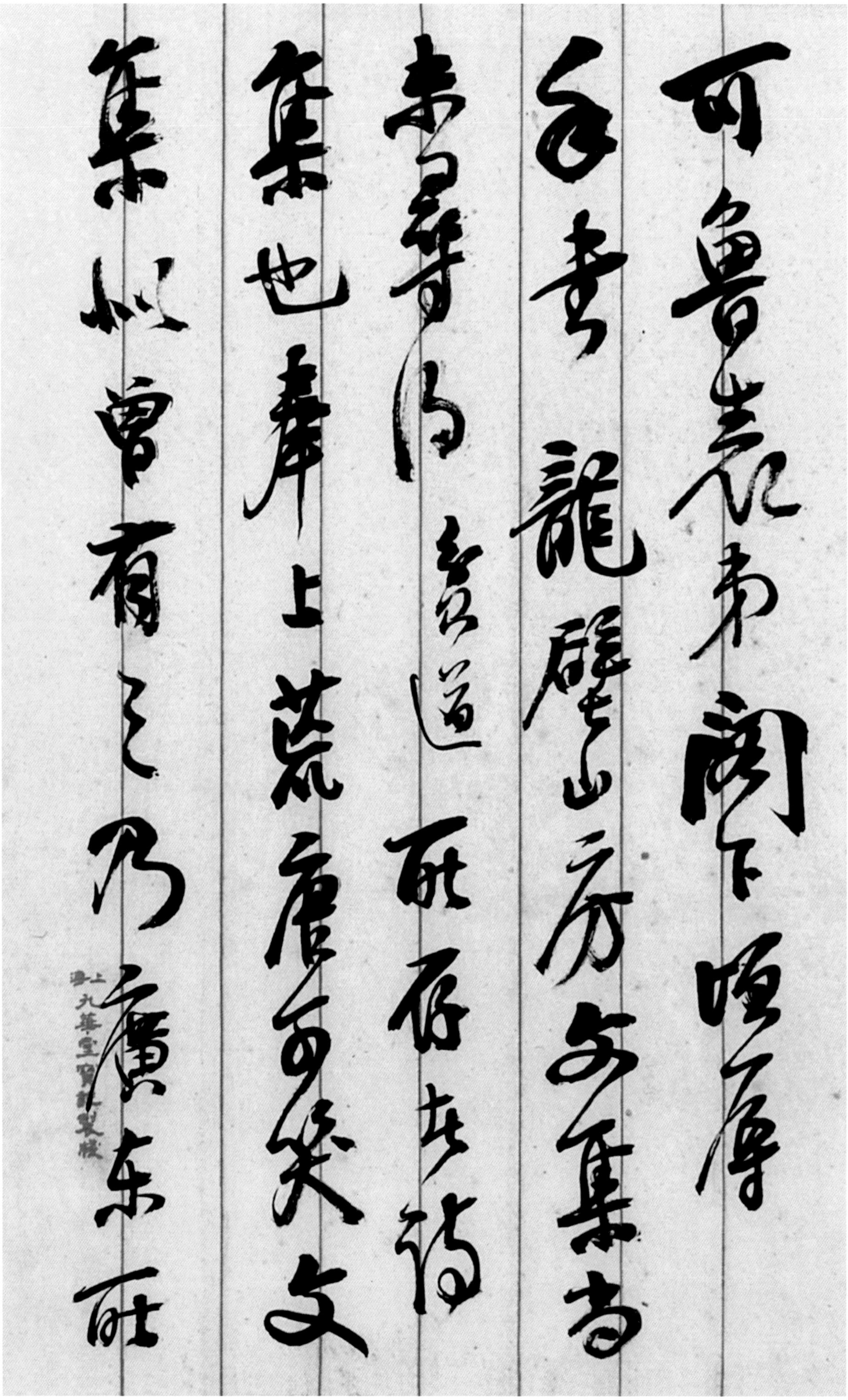

二七 致王可魯書 縱二六厘米 橫一六厘米

可魯表弟閣下：頃辱手書，《龍壁山房文集》尚未尋得，貧道所存者詩集也，奉上。荒唐可笑。文集似曾有之，乃廣東所

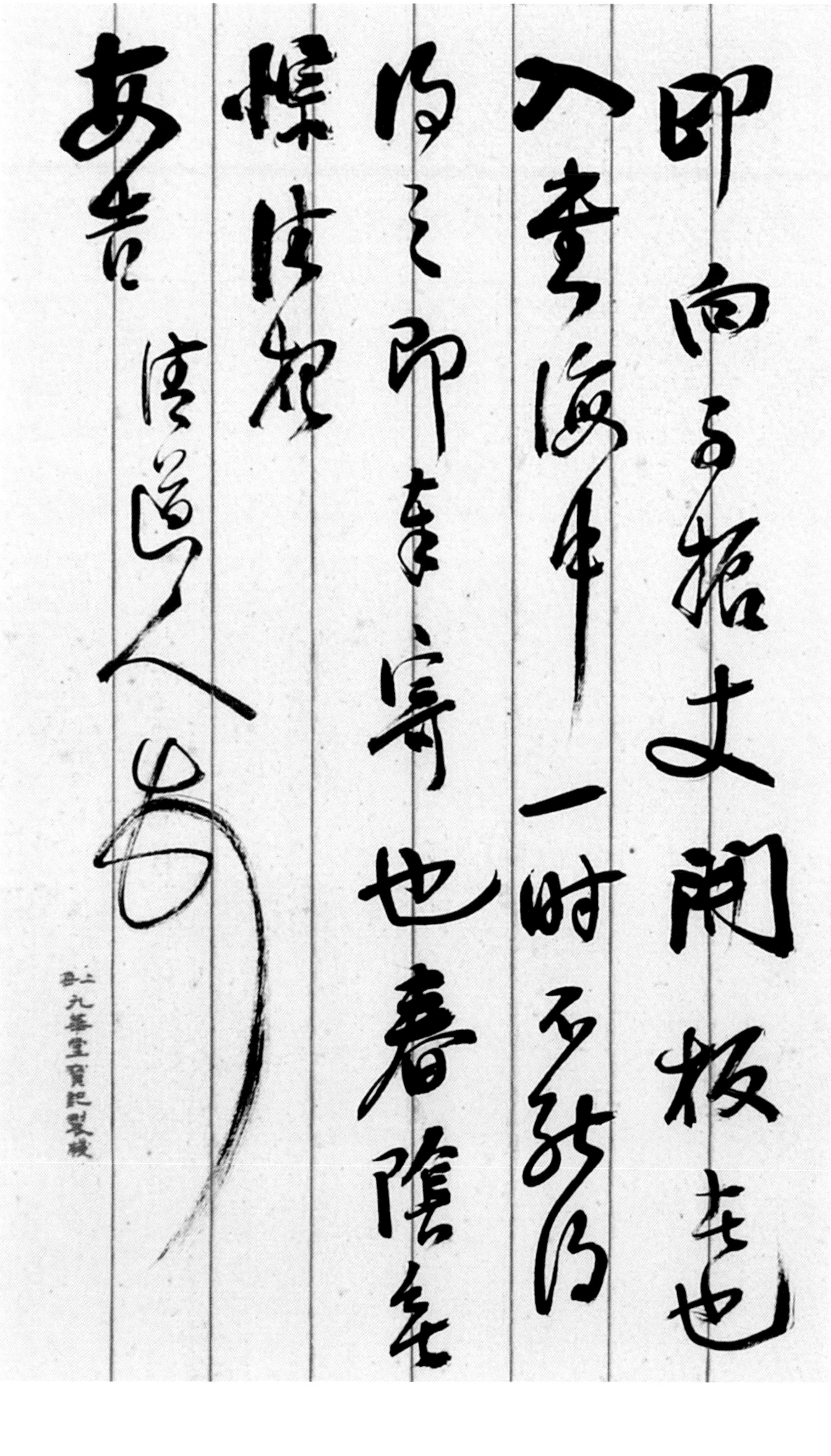

印，向子振丈開板者也。入書海中，一時不能得，得之即奉寄也。春陰無悰，清想安吉。清道人頓首。

二八　致王可魯書

縱二六厘米　橫一六厘米

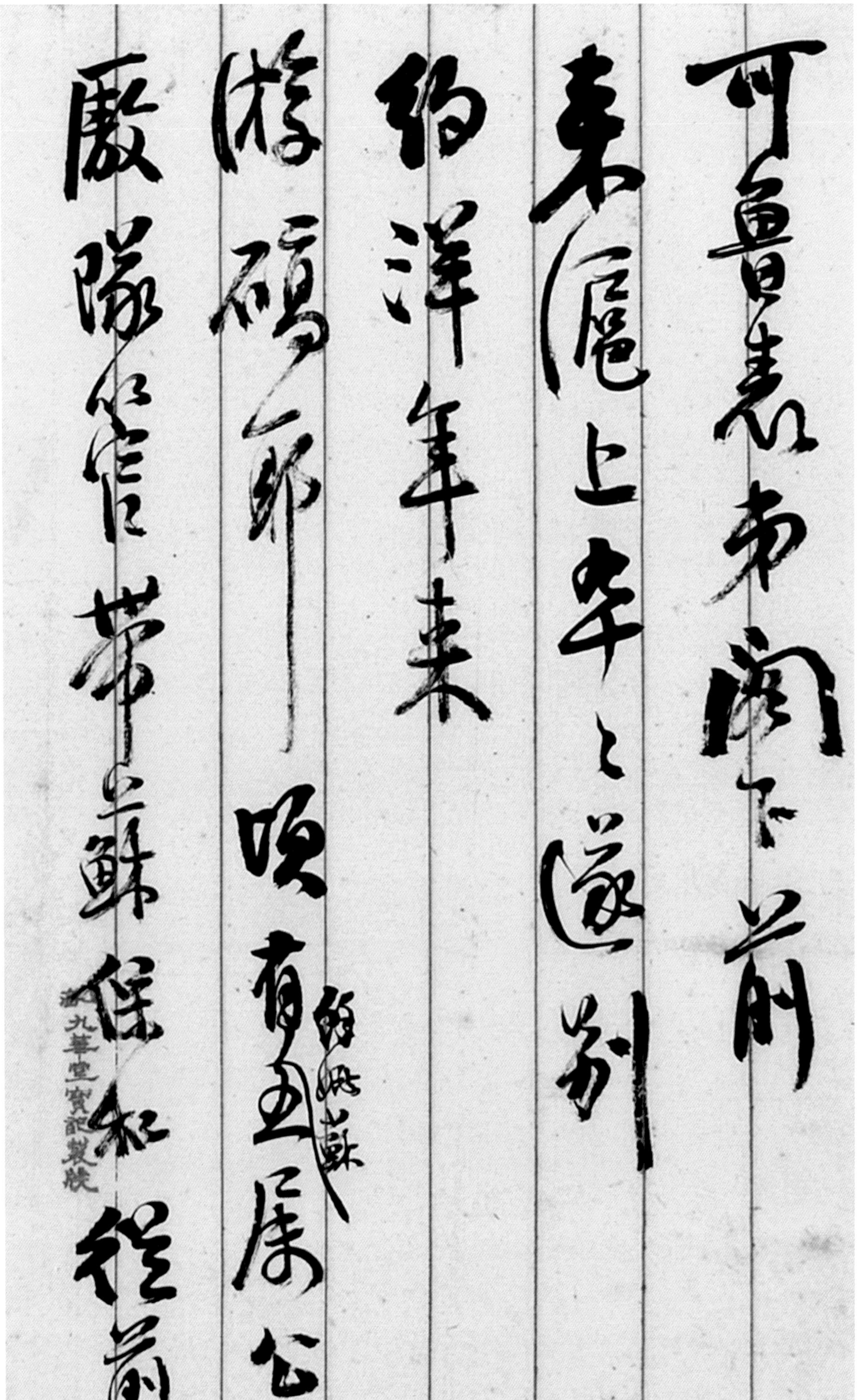
可魯表弟閣下前來滬上卒卒遂別約洋年來游碻耶頃有餘姚蘇五屬公厫隊管帶蘇保和從前

可魯表弟閣下：前來滬上，卒卒遂別，約洋年來游，碻耶？頃有餘姚蘇五屬公厫隊管帶蘇保和，從前

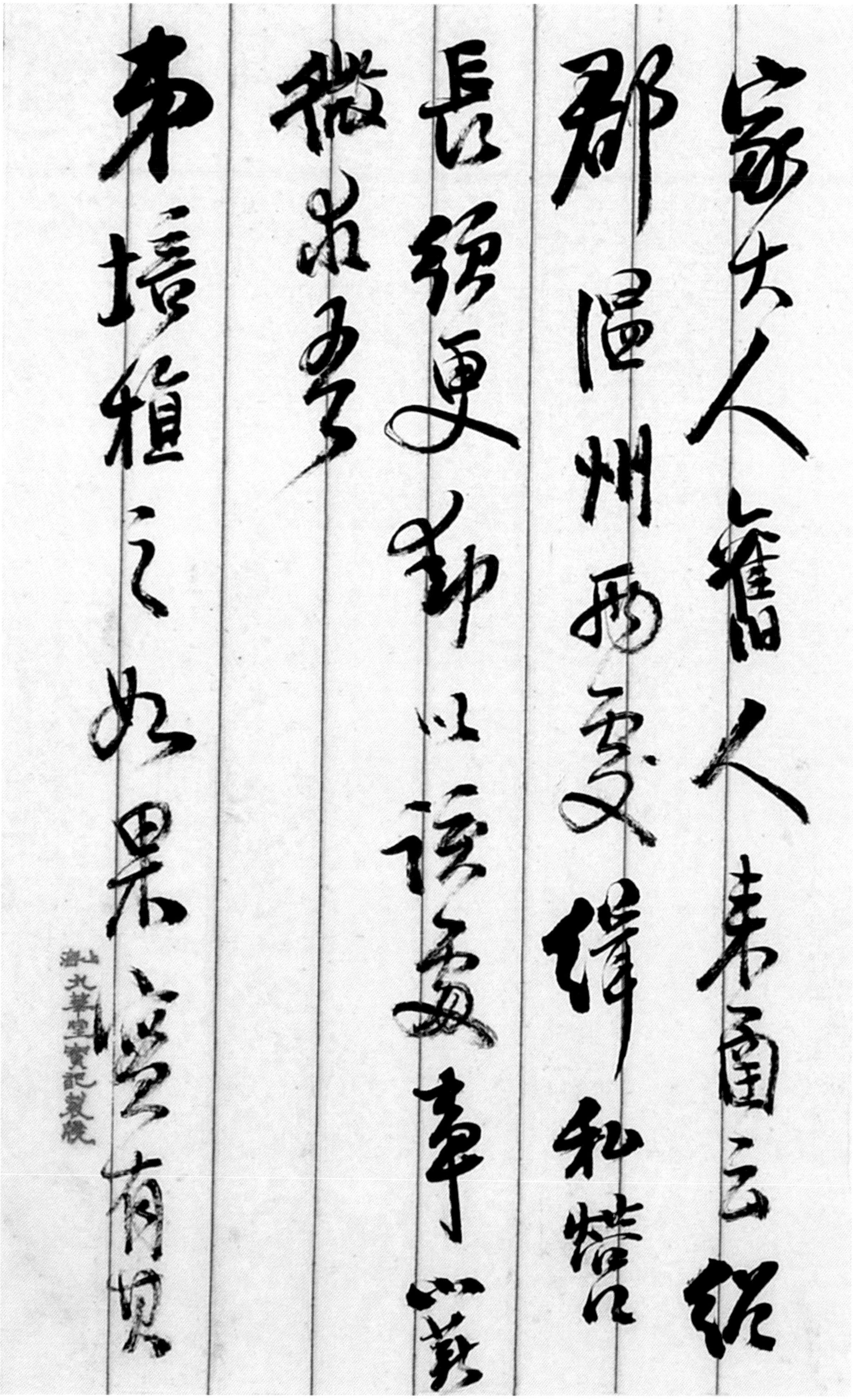

家大人舊人，來函云紹郡、温州兩處緝私營長須更動，以該處事小薪微，求吾弟培植之。如果實有其

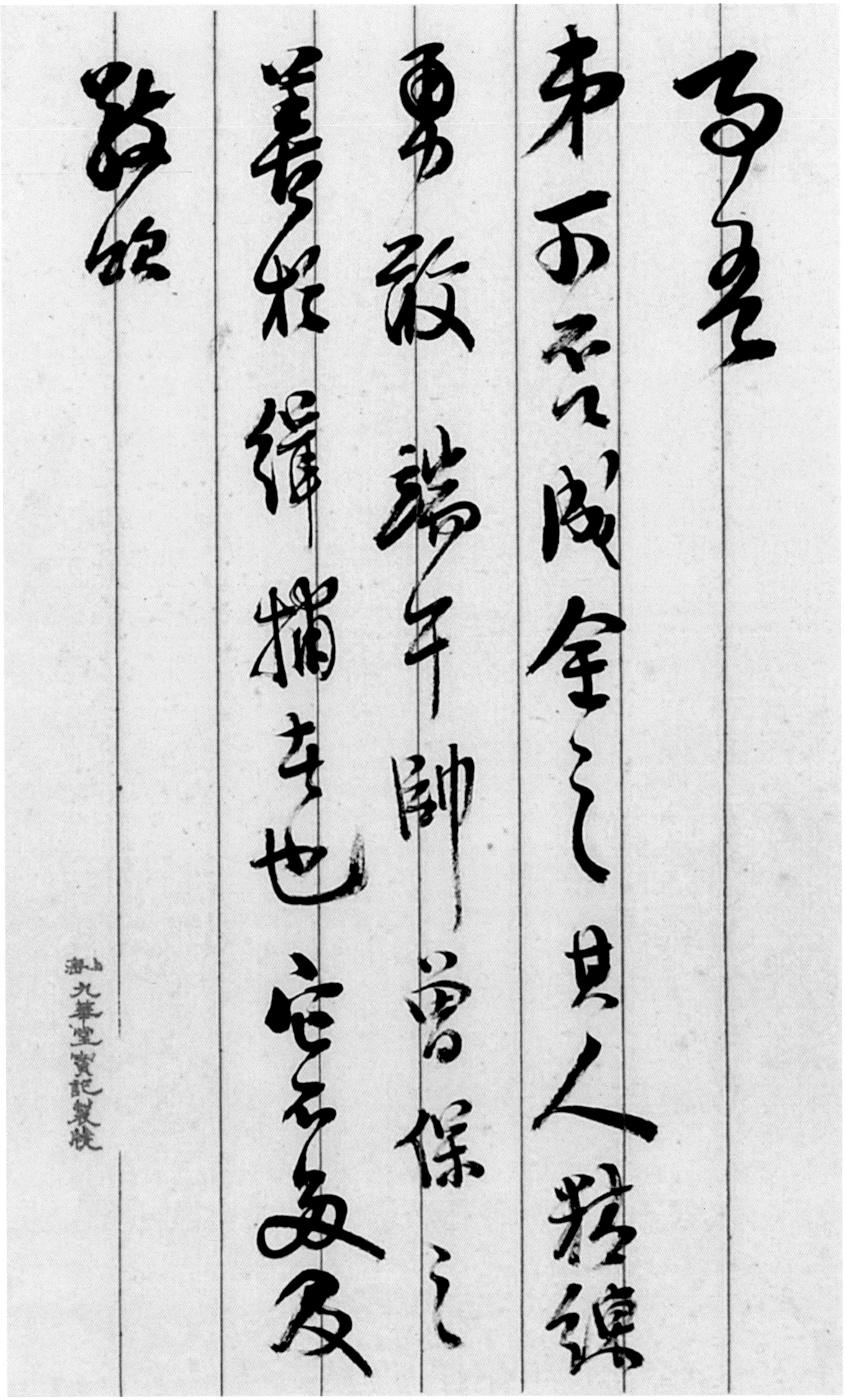

事，吾弟可否成全之？其人精練勇敢，端午帥曾保之，善於緝捕者也。它不多及。敬頌

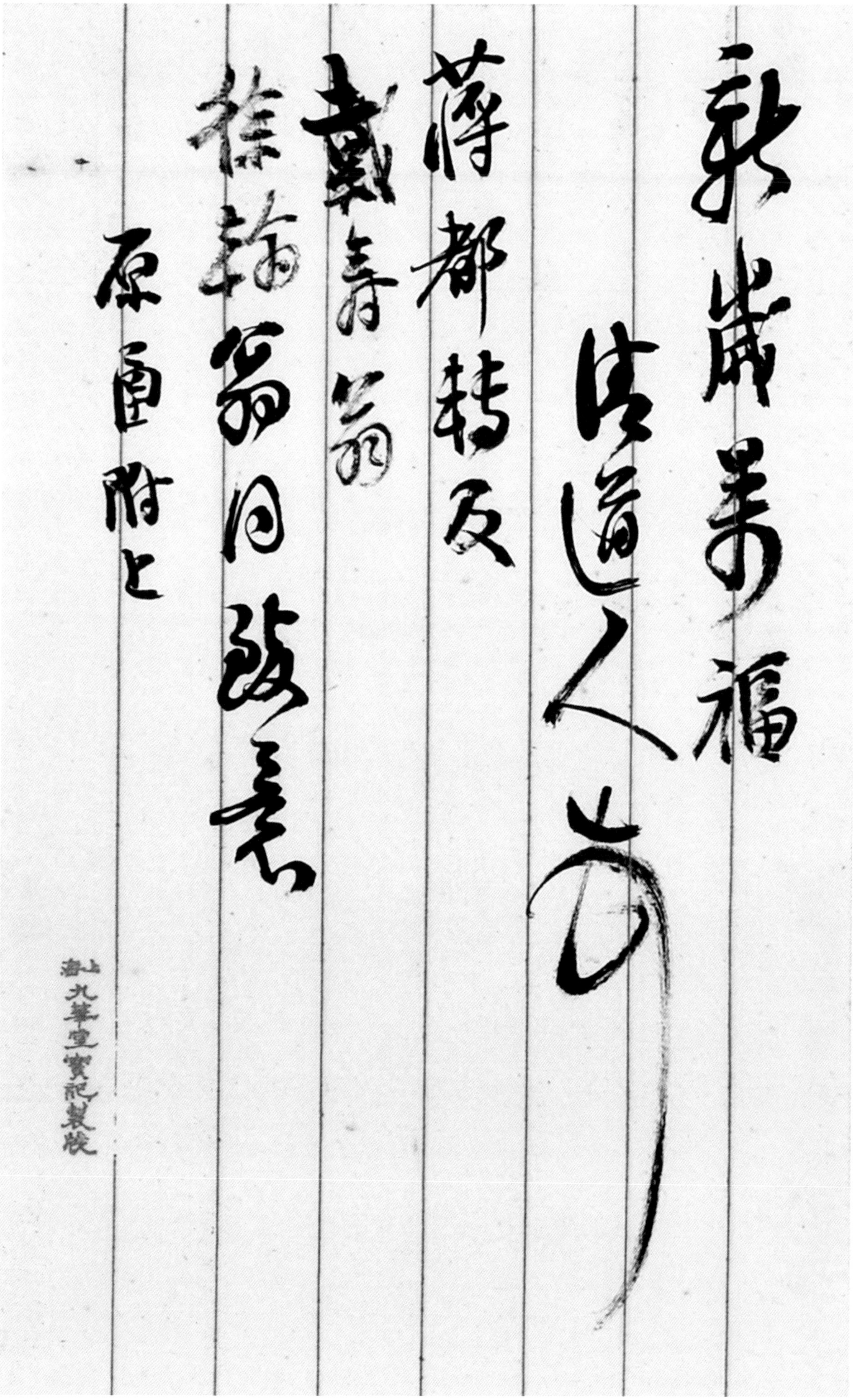

新歲萬福，清道人頓首。
蔣都轉及戴壽翁、徐翰翁同致意。
原函附上。

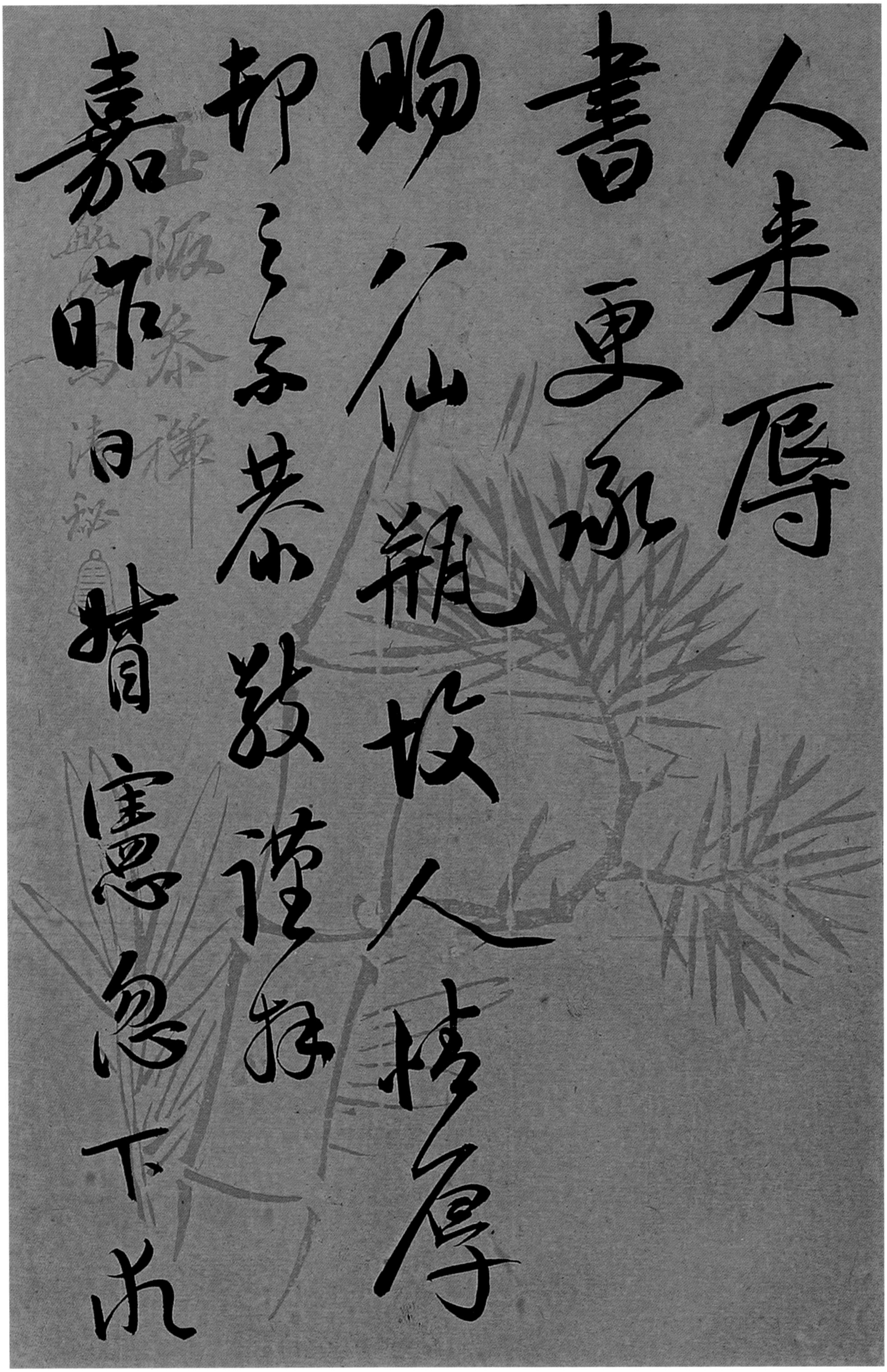

二九　致陸樹藩書　縱二五厘米　橫一六・五厘米

人來辱書，更承賜八仙瓶，故人情厚，却之不恭，敬謹拜嘉。昨日督憲忽下求

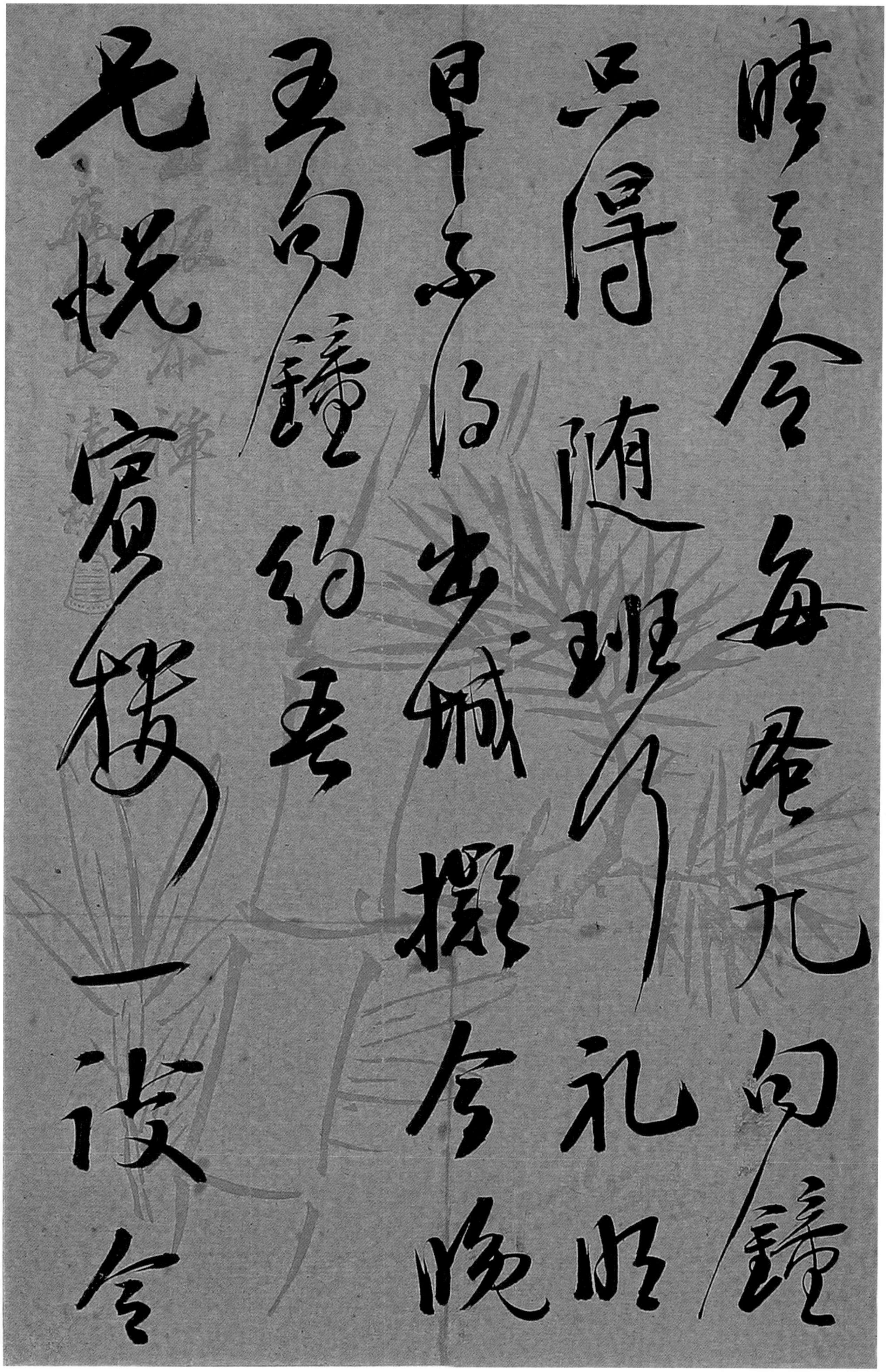

晴之令。每蚤九句鐘，只得隨班行禮，明早不得出城，擬今晚五句鐘約吾兄悅賓樓一談。令

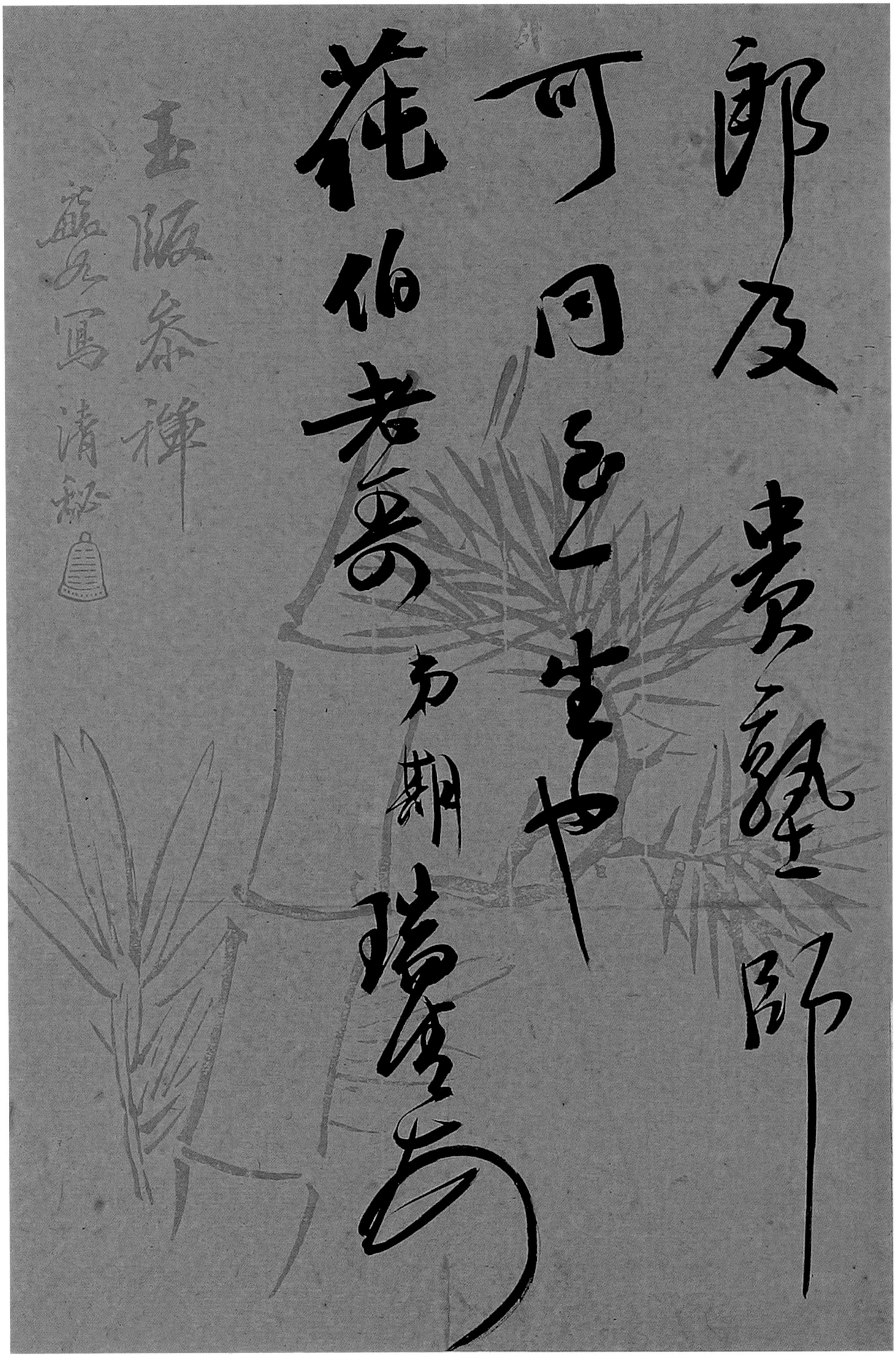

郎及貴塾師可同至一坐也。莼伯老哥。弟期瑞清頓首。

三〇　致陸樹藩書　縱二六厘米　横一六厘米

蒓伯老哥閣下：頃得手書，孫詞臣尚未歸（言必要照價）。尊藏素罐，周老夫子欲以五百元

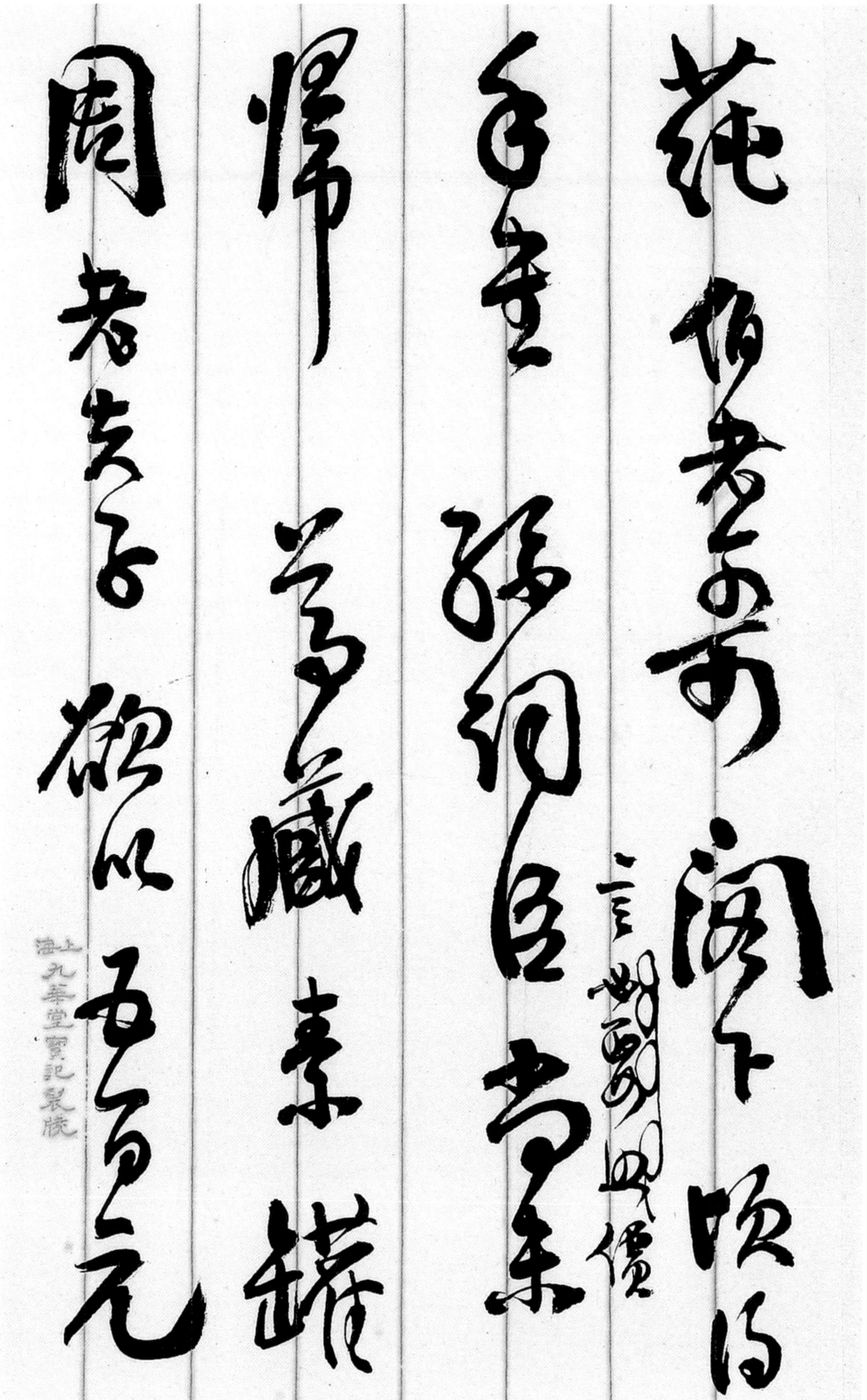

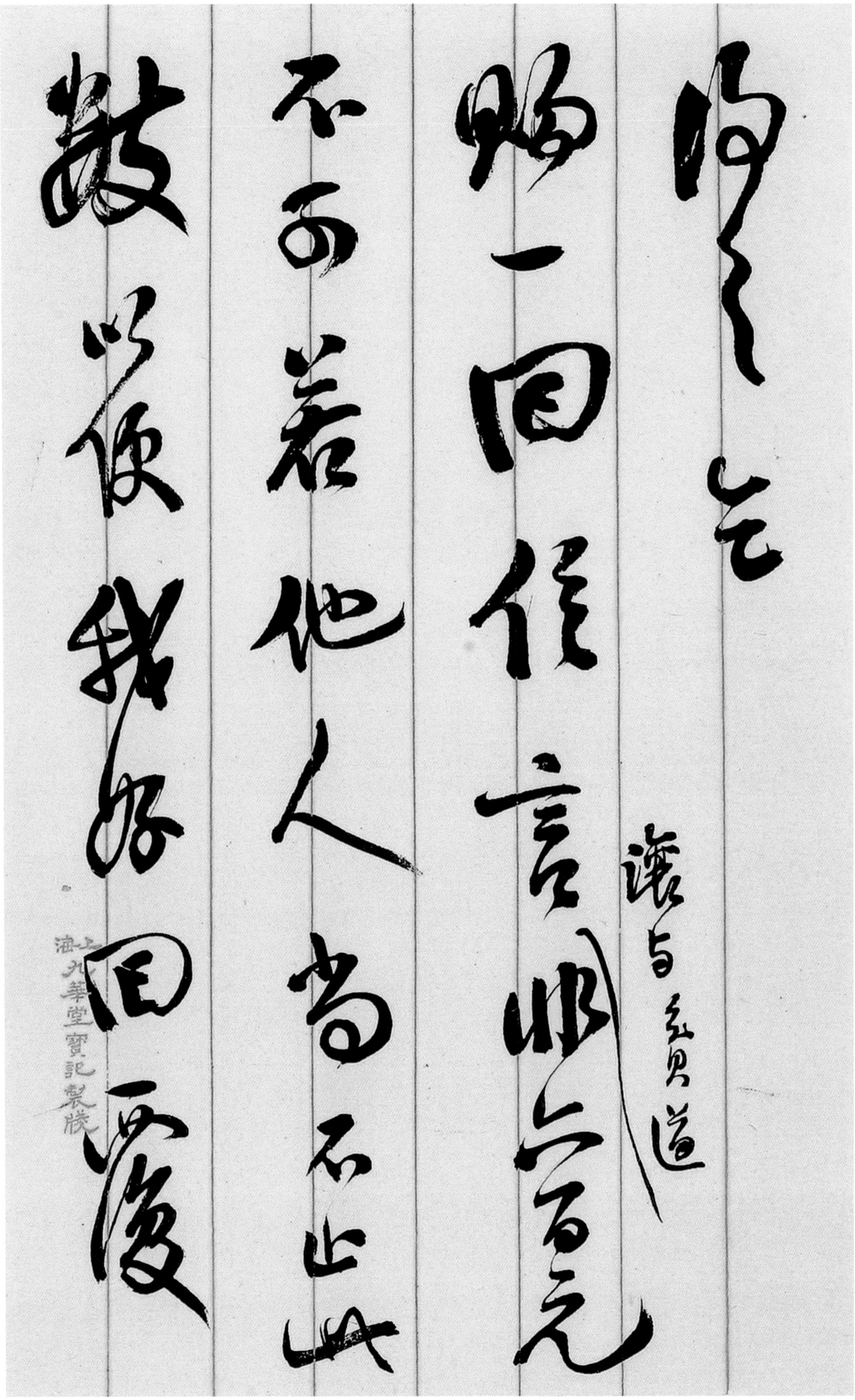

得之，乞賜一回信，言讓與貧道非六百元不可，若他人尚不止此數，以便我好回覆

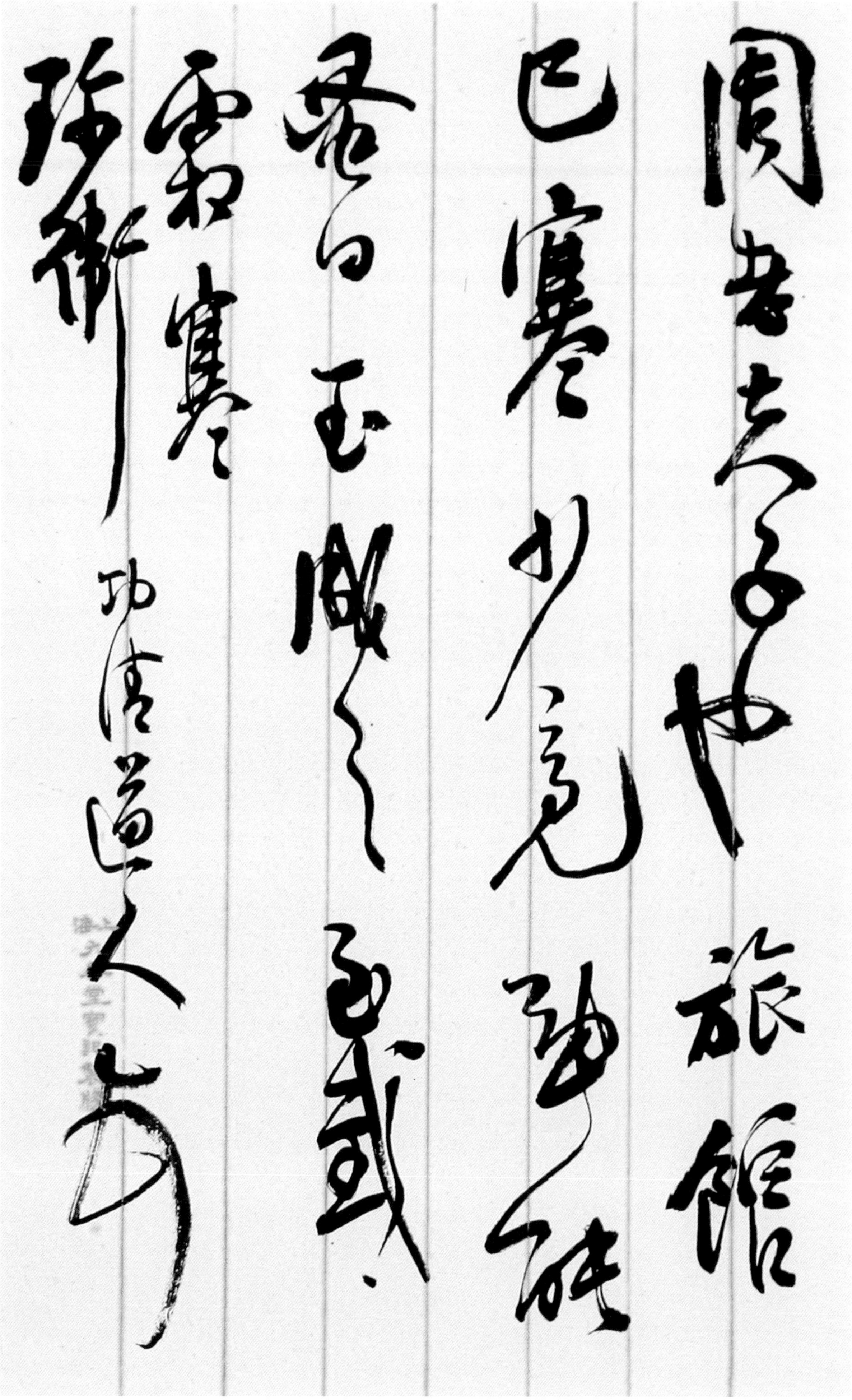

周老夫子也。旅館已寒，少竟争能蚤日玉成之，至感。霜寒珍衛。功清道人頓首。

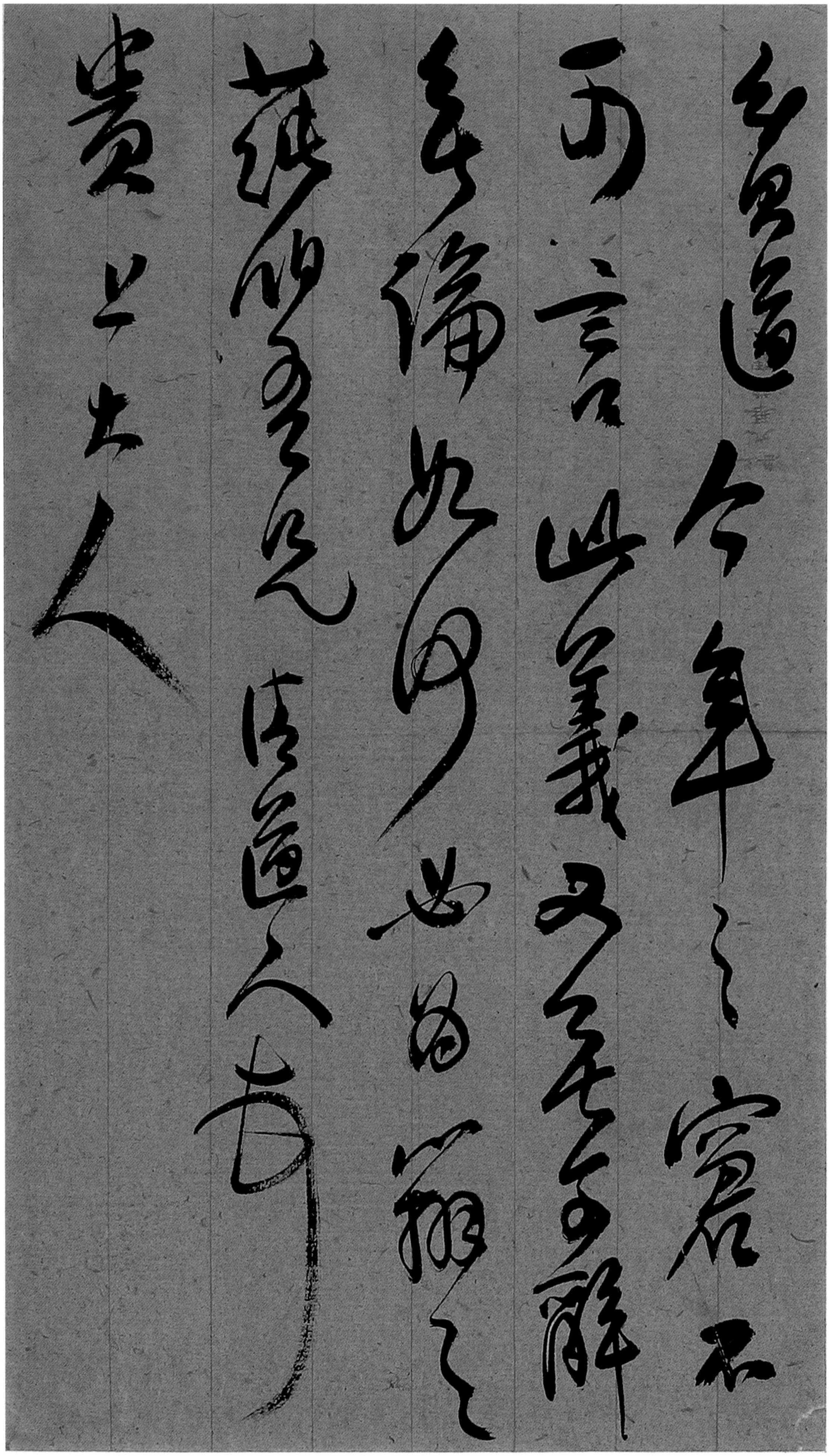

三一 致陸樹藩書

縱二六厘米 橫一五厘米

貧道今年之窘不可言，此義又無可辭，無論如何必爲辦之。蒓伯吾兄。清道人頓首。貴上大人。

三二　致陸樹藩書　縱二六厘米　橫一六厘米

久闕瞻謁，但有懷仰。人來辱書，知吾兄與鶴九兄亦寔，

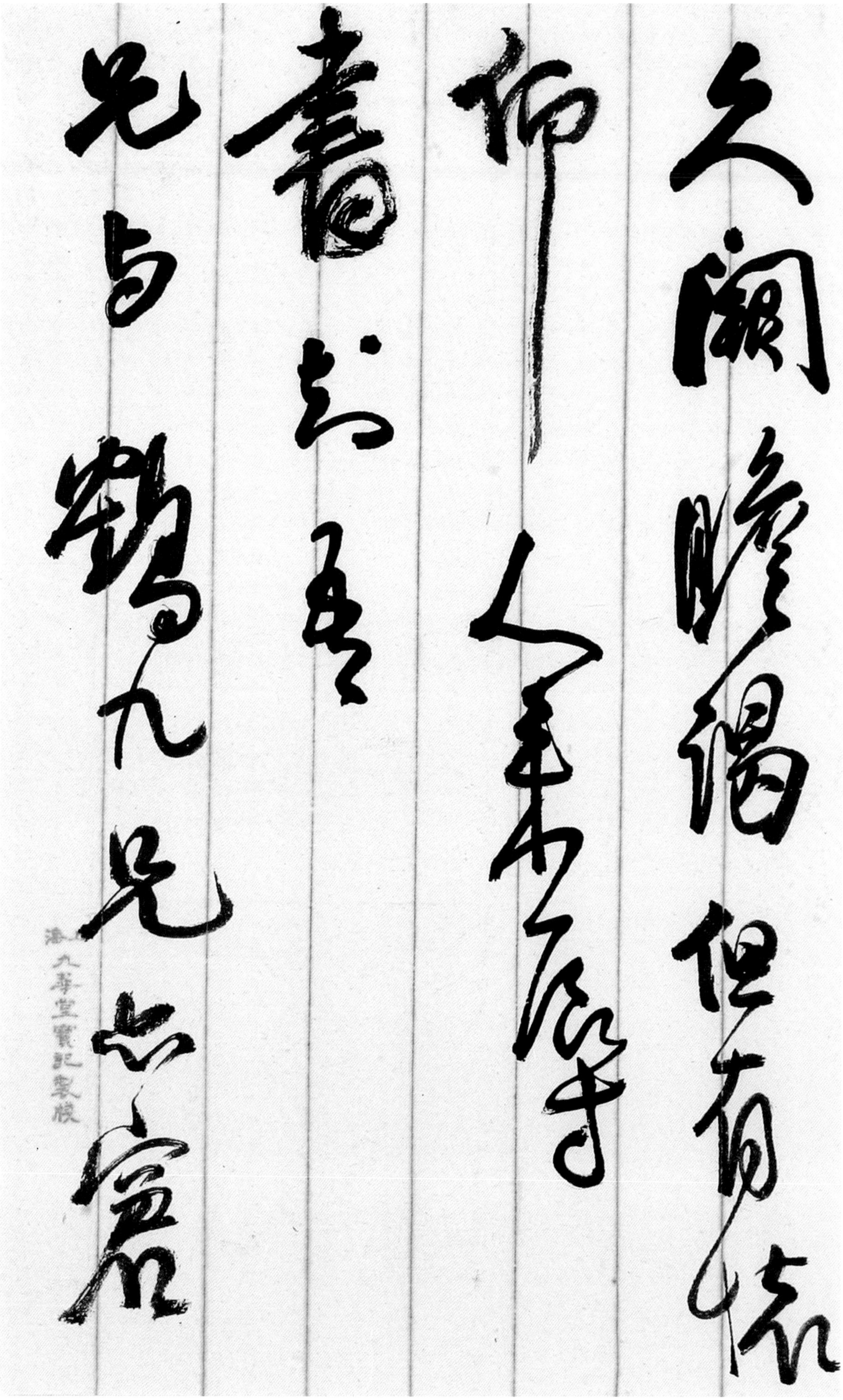

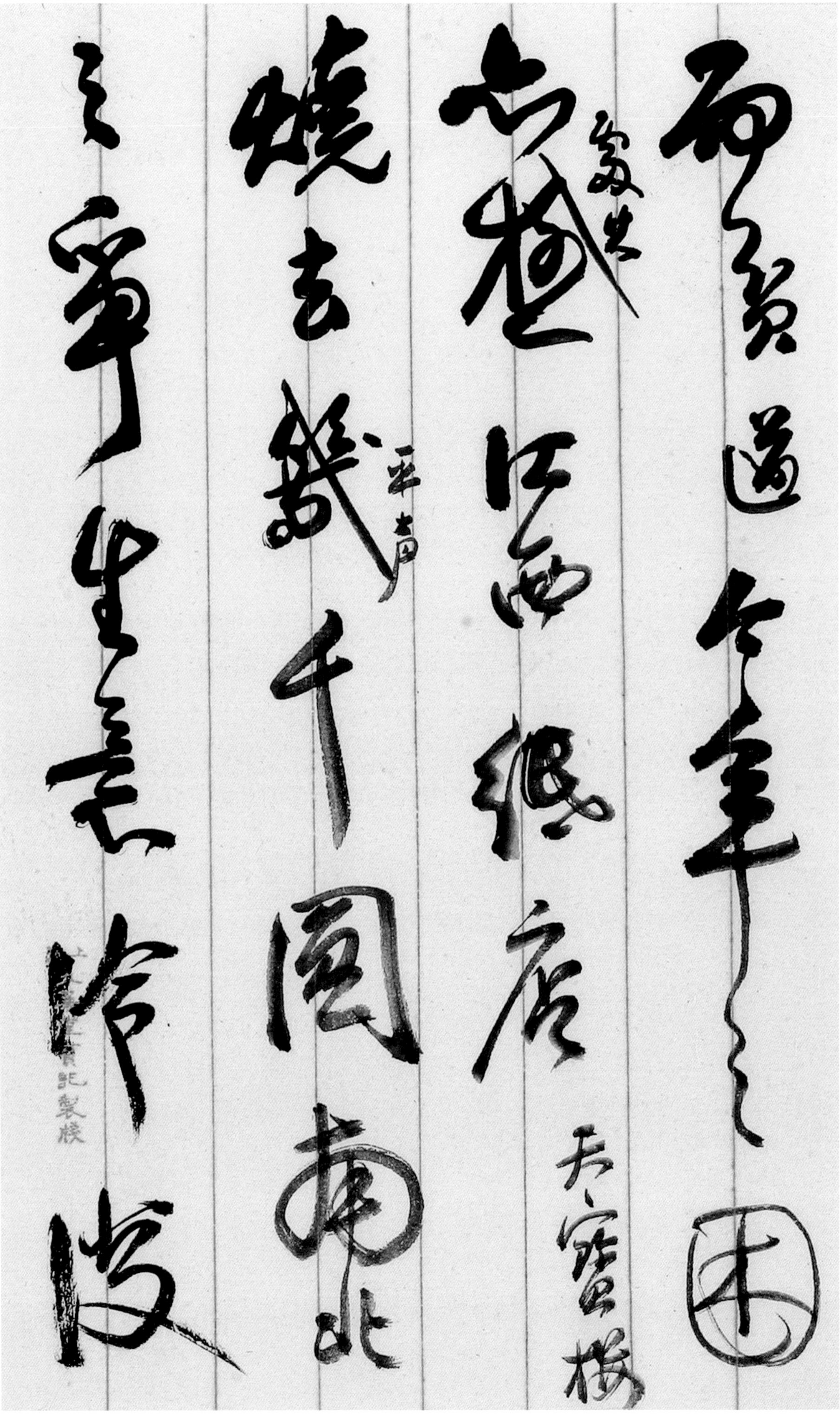

而貧道今年之困亦處其極。江西紙店天寶樓燒去幾（平声）千圓。南北之争，生意冷淡，

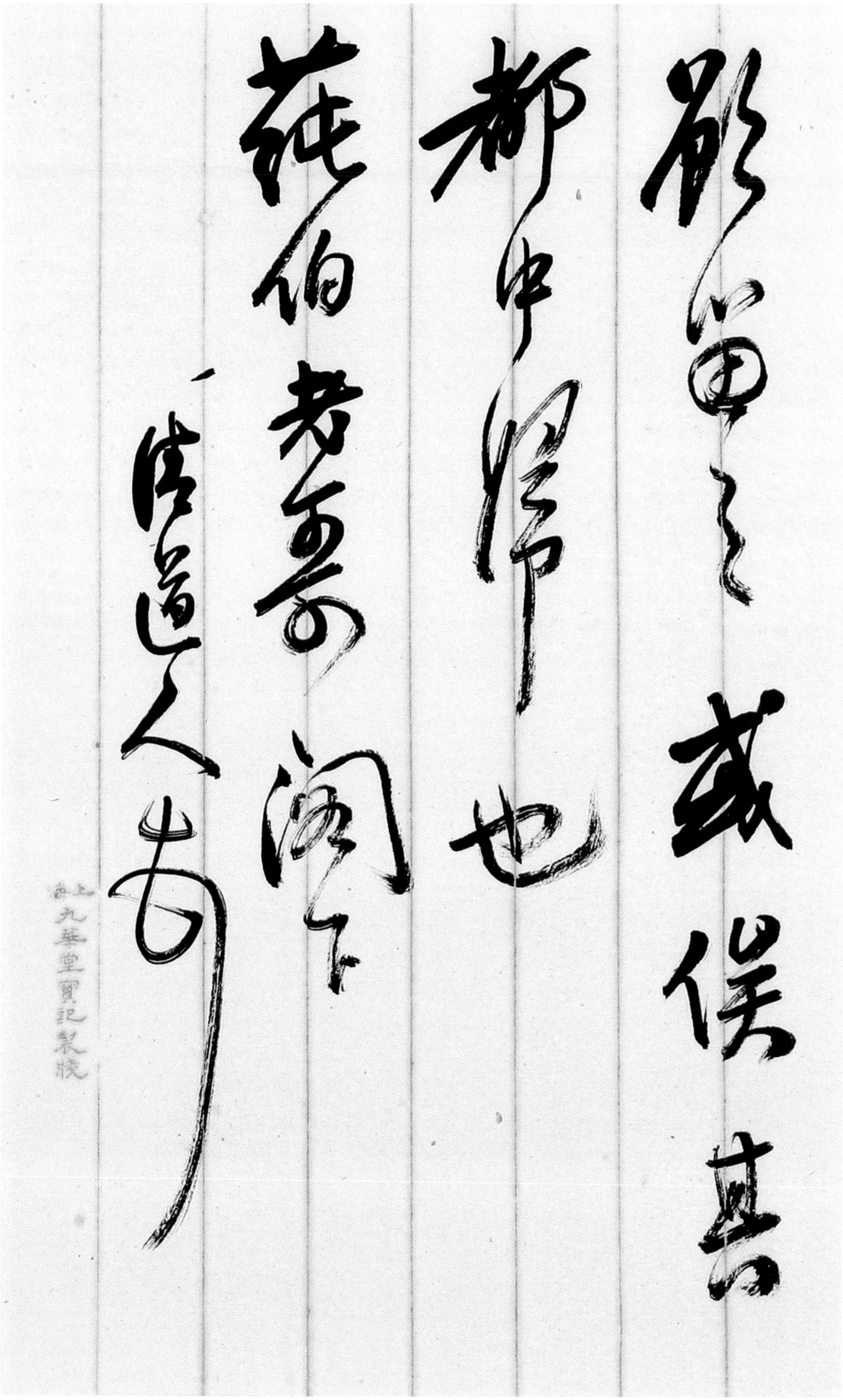

顧留之或俟其都中歸也。蒓伯老哥閣下。清道人頓首。

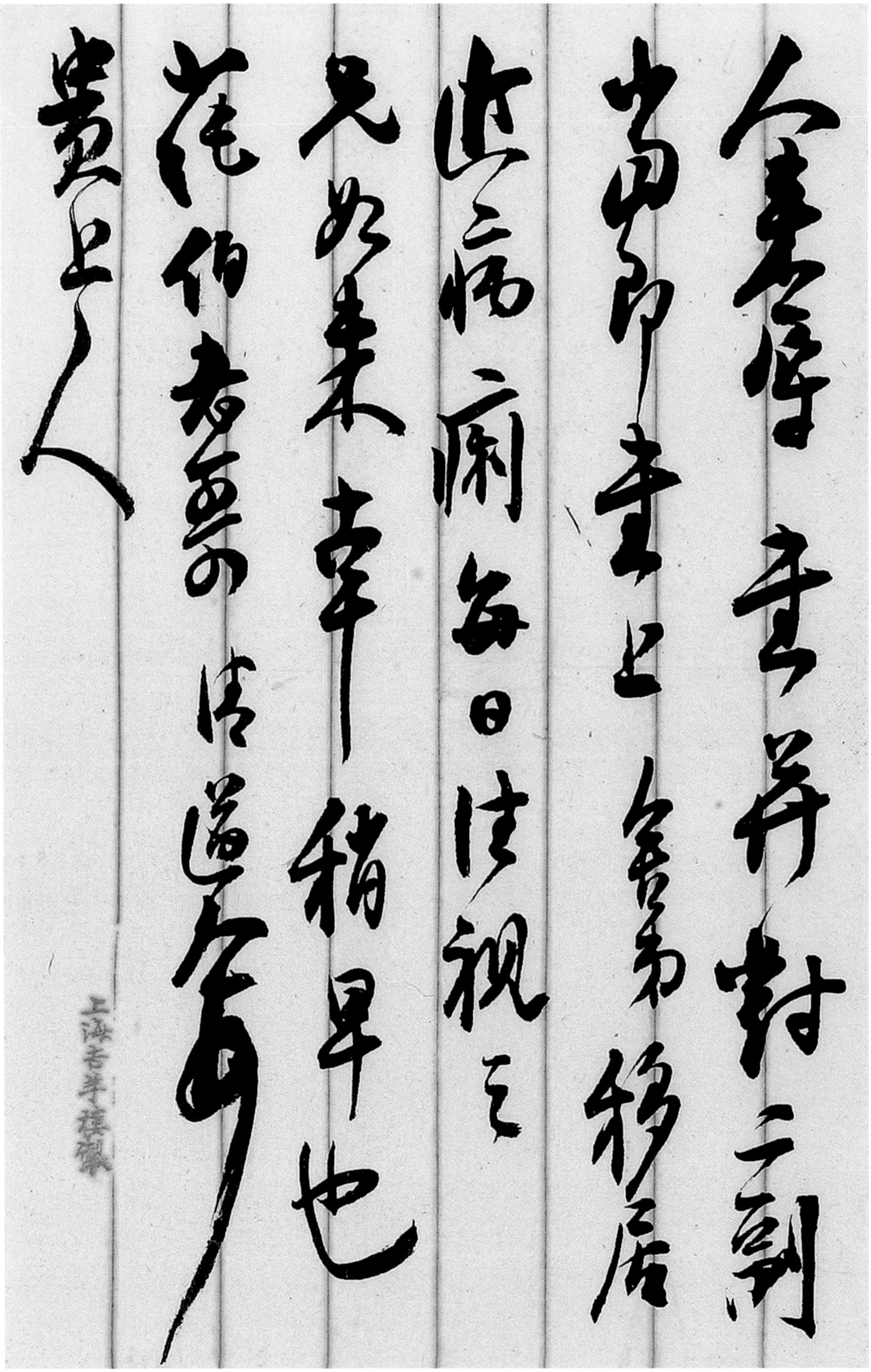
人來辱書并對二副當即書上舍弟移居近病痢每日往視之兄如來幸稍早也蒓伯老哥清道人頓首貴上人

三三　致陸樹藩書　縱二三厘米　橫一四・五厘米

人來辱書，并對二副，當即書上。舍弟移居，近病痢，每日往視之，兄如來幸稍早也。蒓伯老哥。清道人頓首。貴上人。

三四　致陸樹藩書　縱二六厘米　橫一六厘米

蒓伯老哥閣下：垂示曼生聯惡劣，葉書亦平庸無可觀，徐書件日內

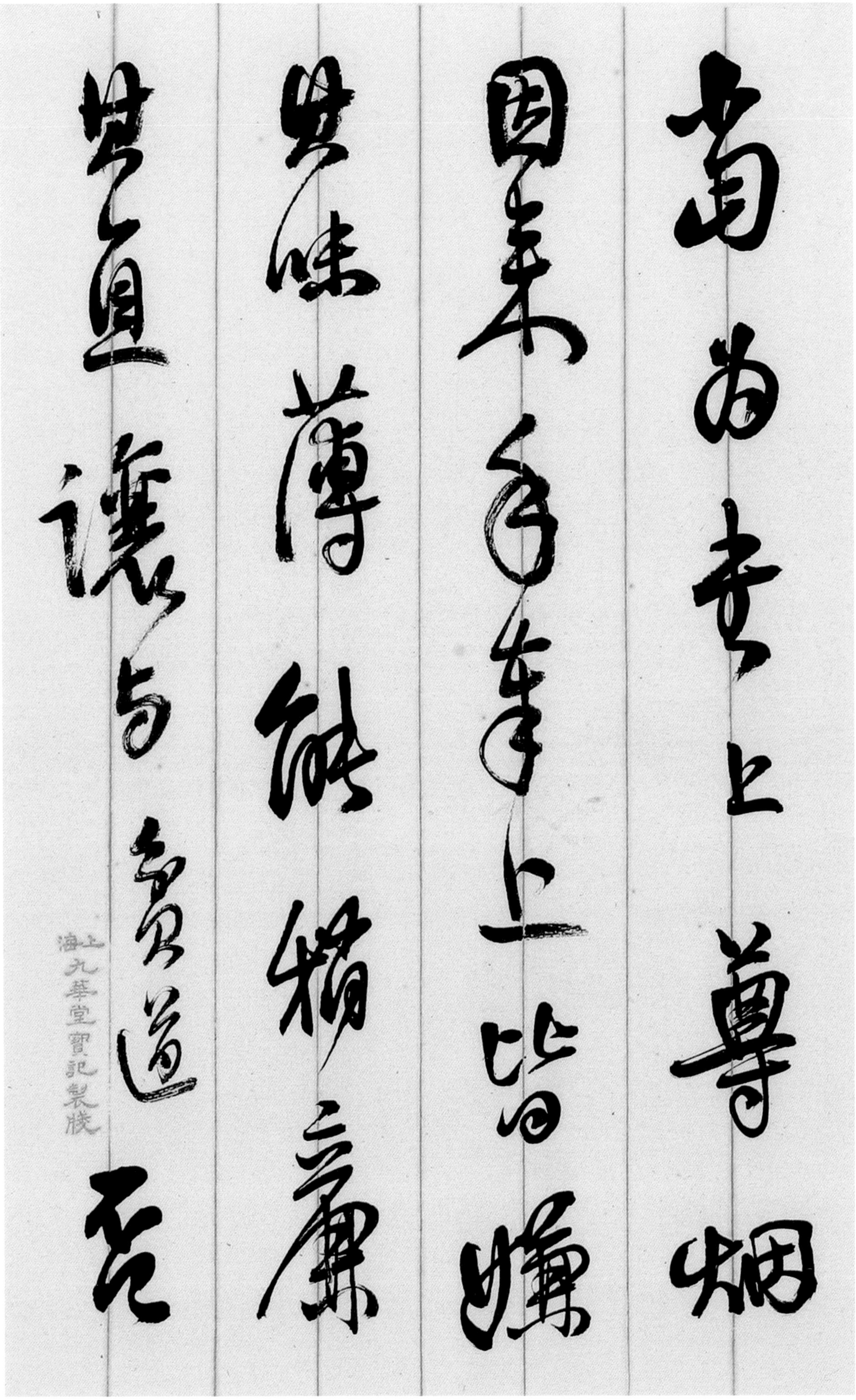

當爲書上。尊烟因來手奉上，皆嫌其味薄，能稍廉其直讓與貧道否？

若更能得善賈則不必矣。阿筠已行。霜寒珍衛。功清道人頓首。

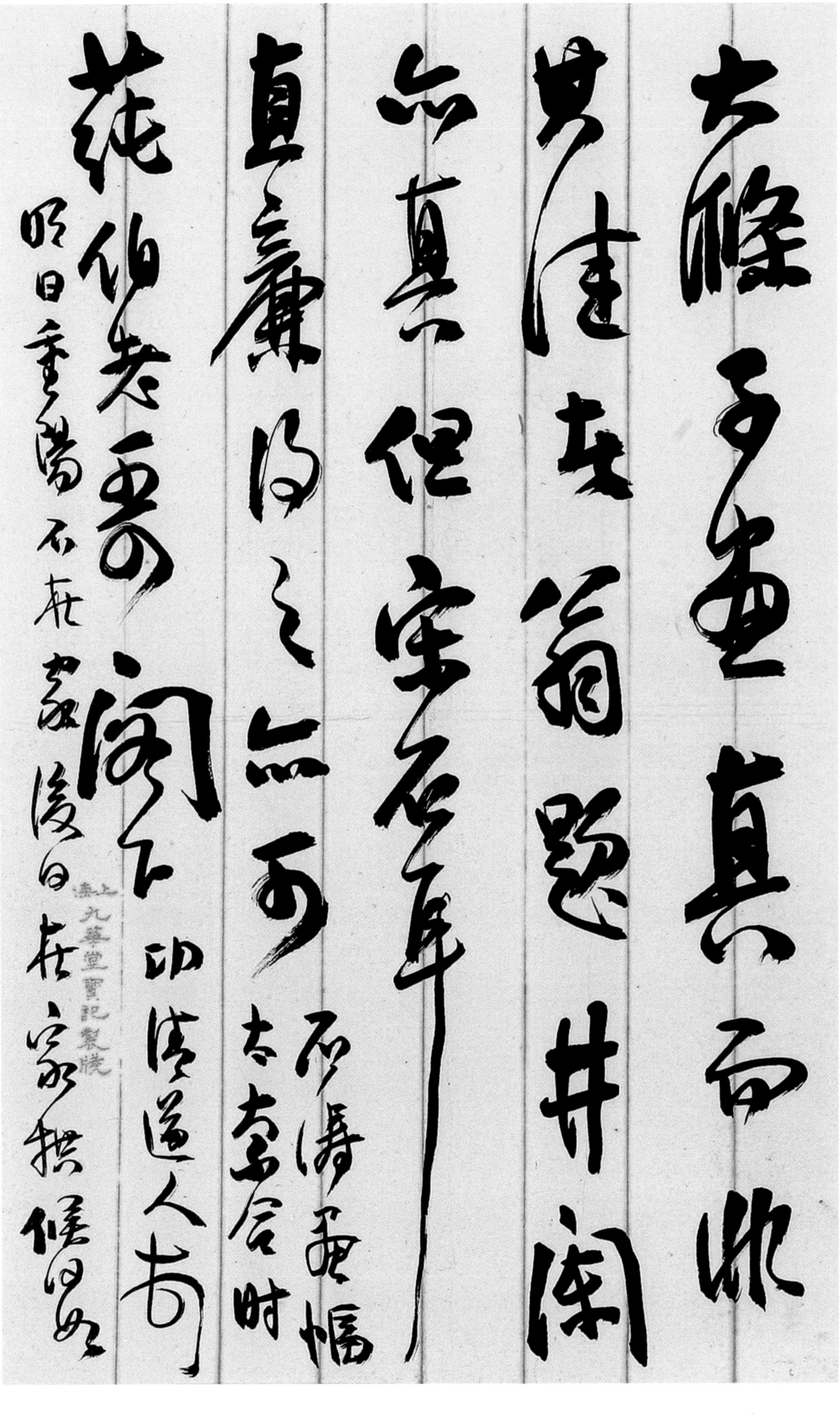

三五　致陸樹藩書　縱二六厘米　橫一六厘米

大滌子畫真而非其佳者，翁題井闌亦真，但宋石耳，直廉得之亦可。（石濤畫幅太大，不合時。）蒓伯老哥閣下，功清道人頓首。
明日重陽不在家，後日在家拱候，何如？

三六　致陸樹藩書　縱二六厘米　橫一六厘米

往蘇何時時歸耶，歸時幸告我，當詣談也。貧道苦人幾成製米機，而公又孏又忙，咫尺與萬里何以

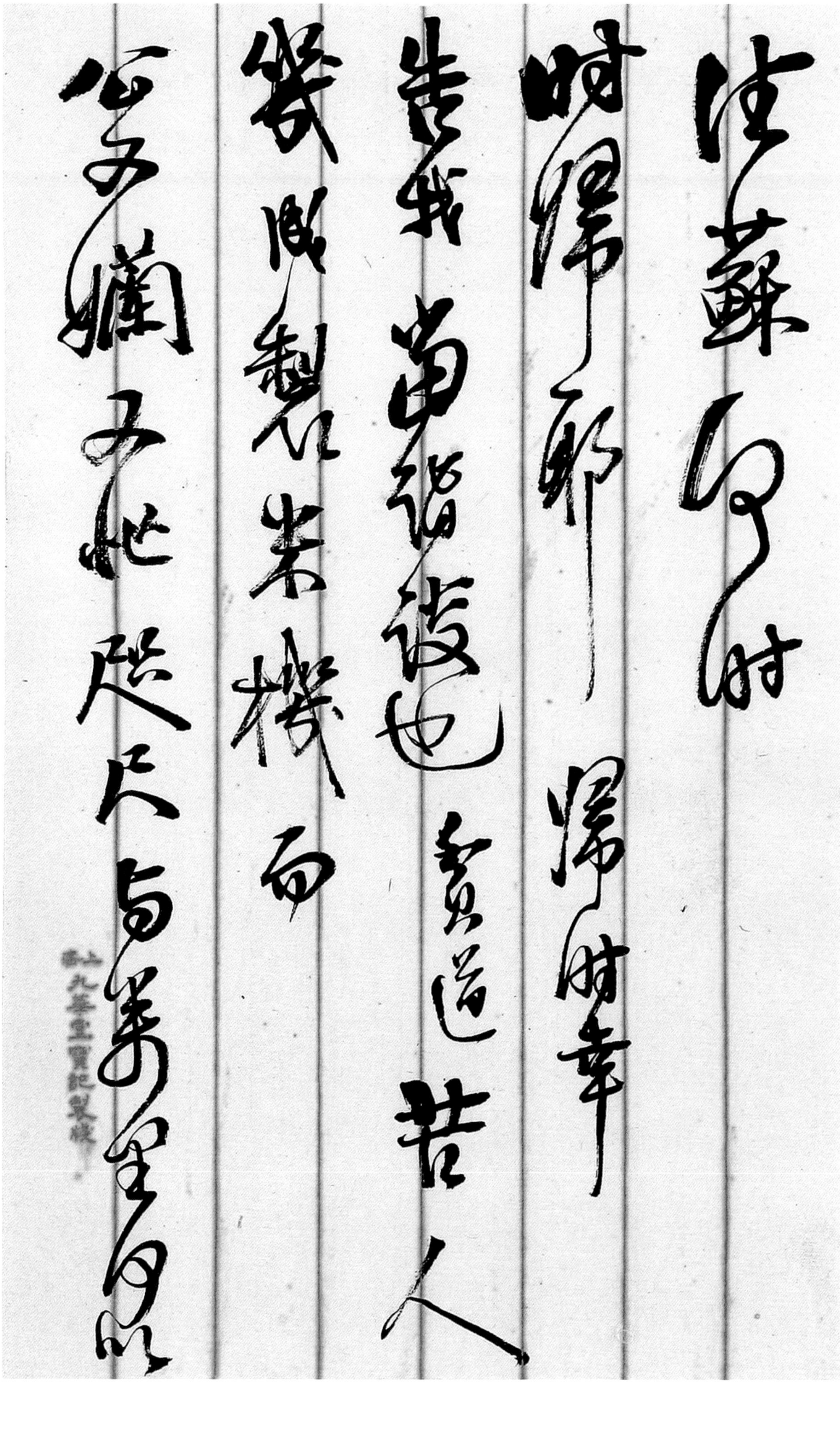

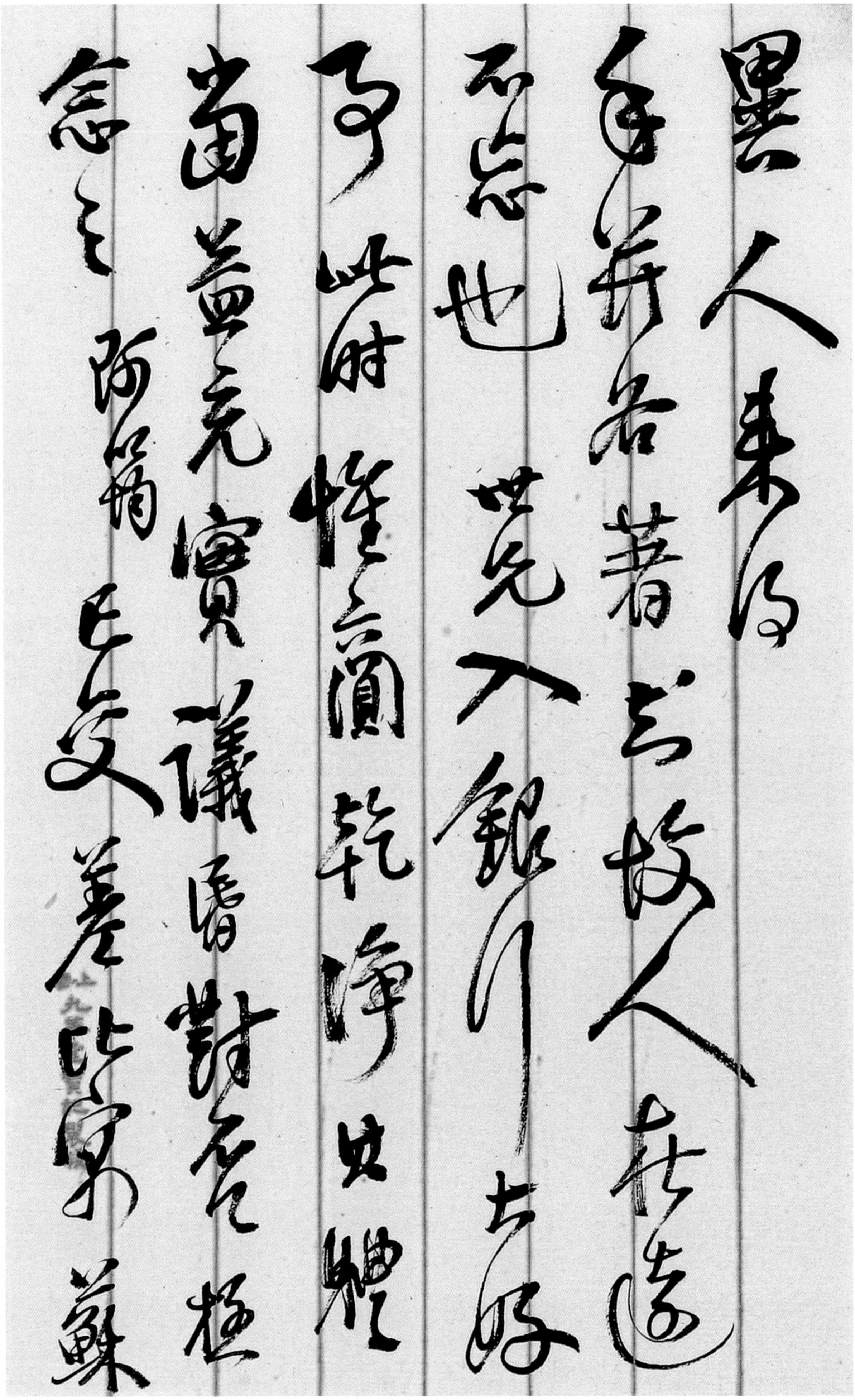

異？人來，得手并各著，知故人在遠不忘也。世兄入銀行大好事，此時惟六圓，乾凈其體，當益充實。議昏對否？極念之。

阿筠已交差，比寓蘇

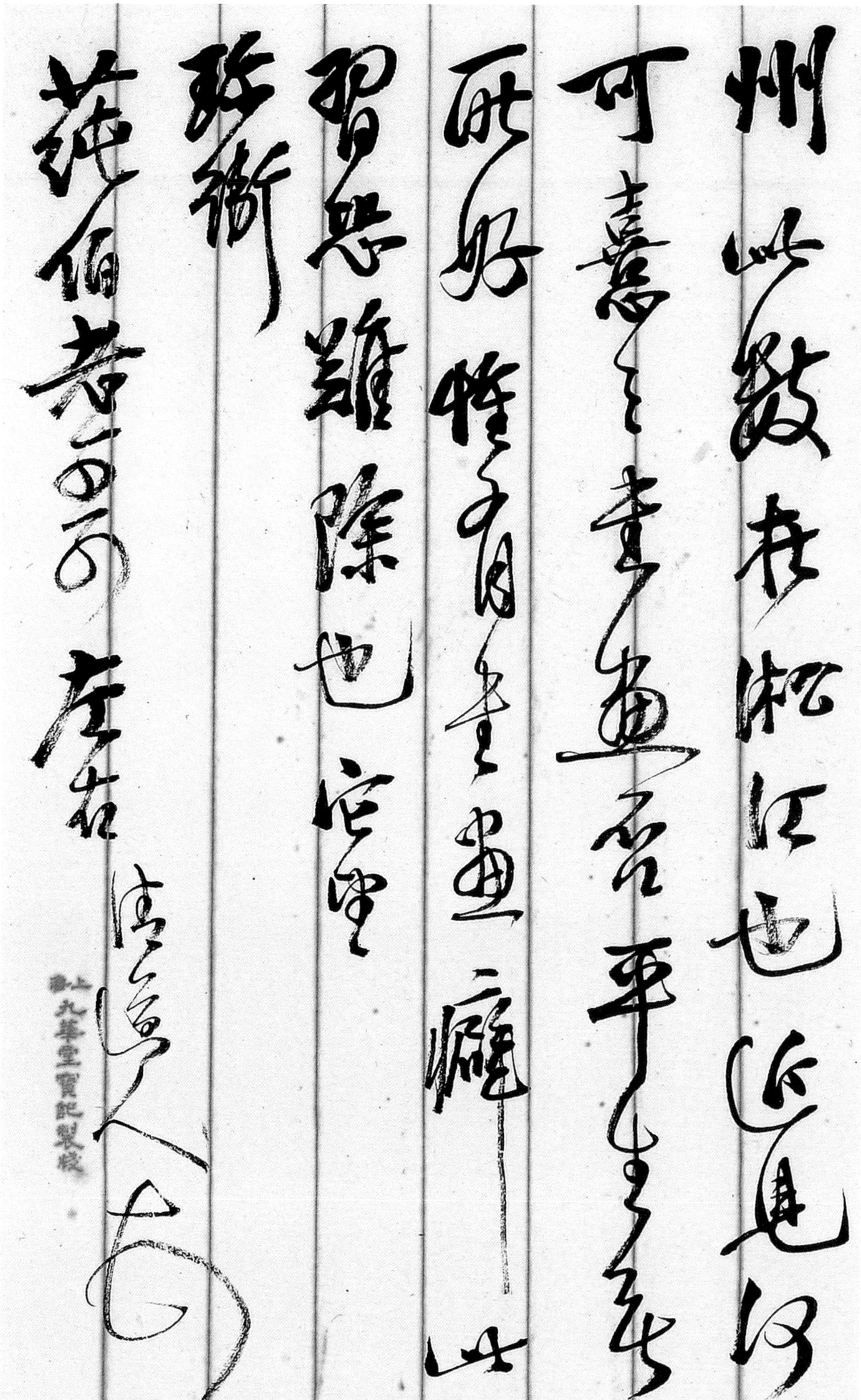

州，此數在淞江也。近見何可憙之書畫否？平生無所好，惟有書畫癖，此習恐難除也。它望珍衛。蒓伯老哥左右。清道人頓首。

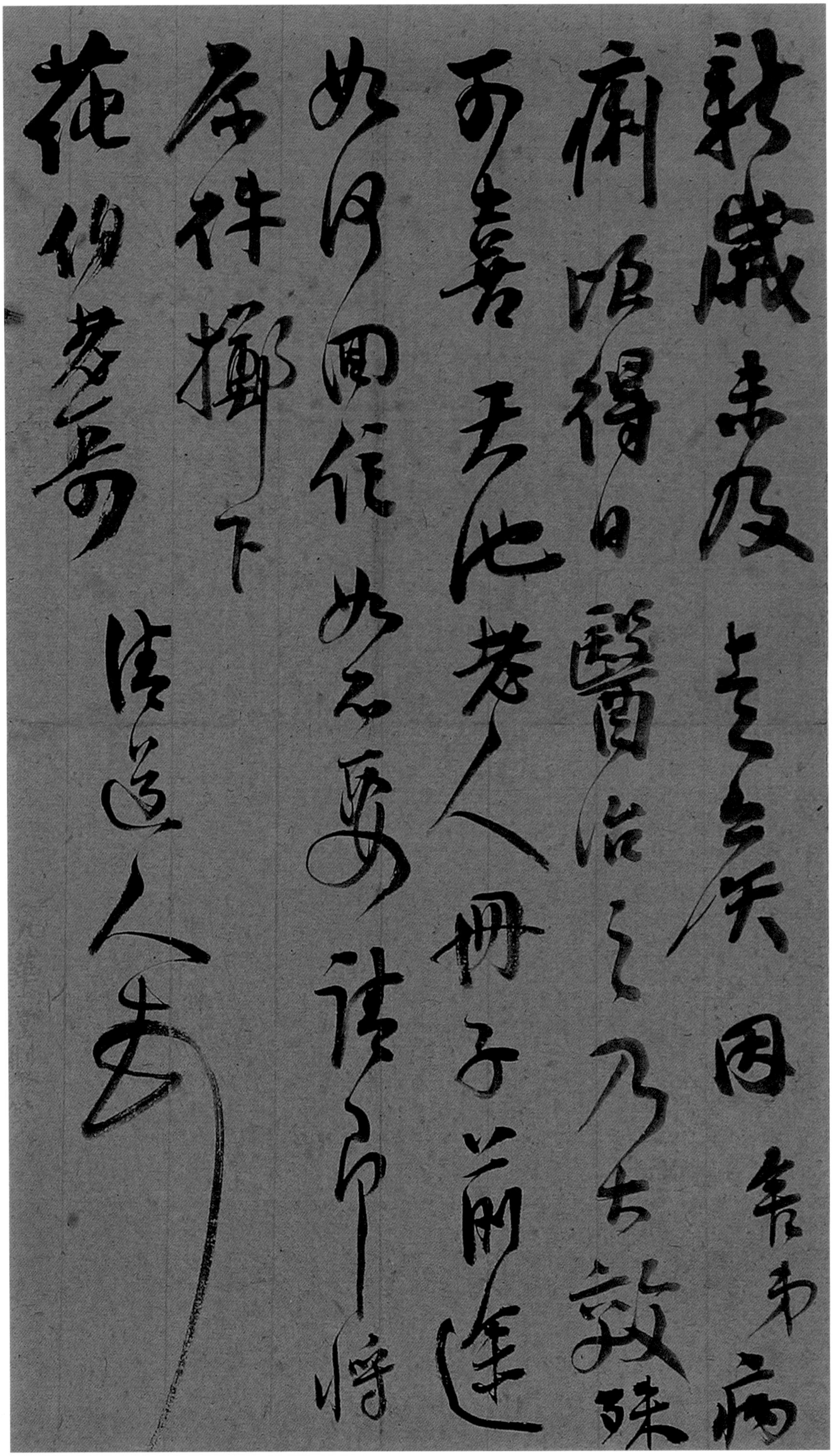

三七　致陸樹藩書　縱二六厘米　橫一五厘米

新歲未及走矦，因舍弟病痢，頃得日醫治之乃大效，殊可喜。《天池老人册子》前途如何？回信如不要，請即將原件擲下。蒓伯老哥。清道人頓首。

三八　致陸樹藩書　縱二六厘米　橫一六厘米

久闊瞻謁，懷仰千萬。聞自蘇州歸，本欲相詣，會家弟喪一子，不能出門。賀

久闊瞻謁懷仰千萬聞自蘇州歸本欲相詣會家弟喪一子不能出門賀

少翁事，蒙大力允助，奈命與願違，伊旅居鷄支，而湘債急如星火，

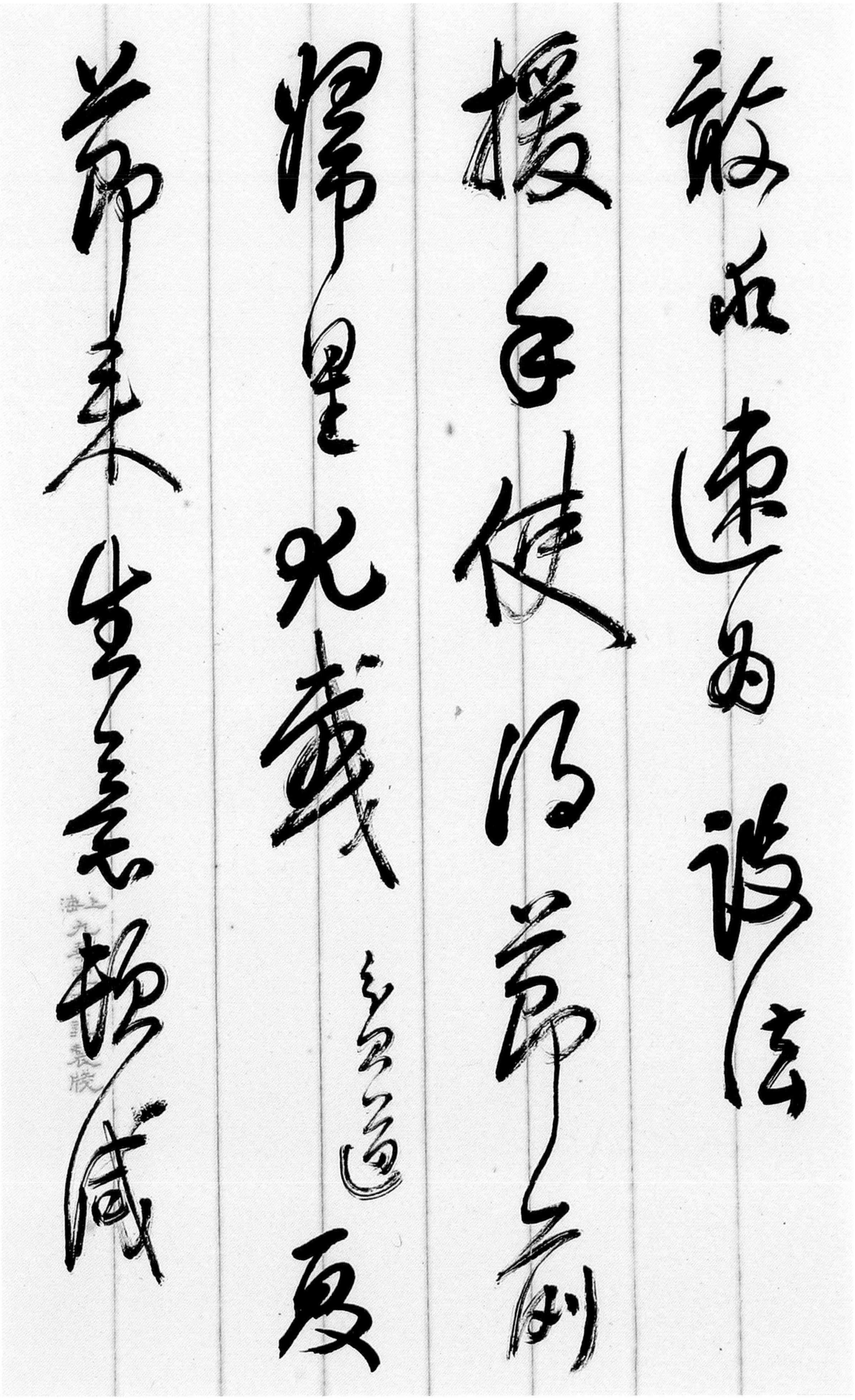

敢求速爲設法援手使得節前歸里，尤感。貧道夏節來生意頓減，

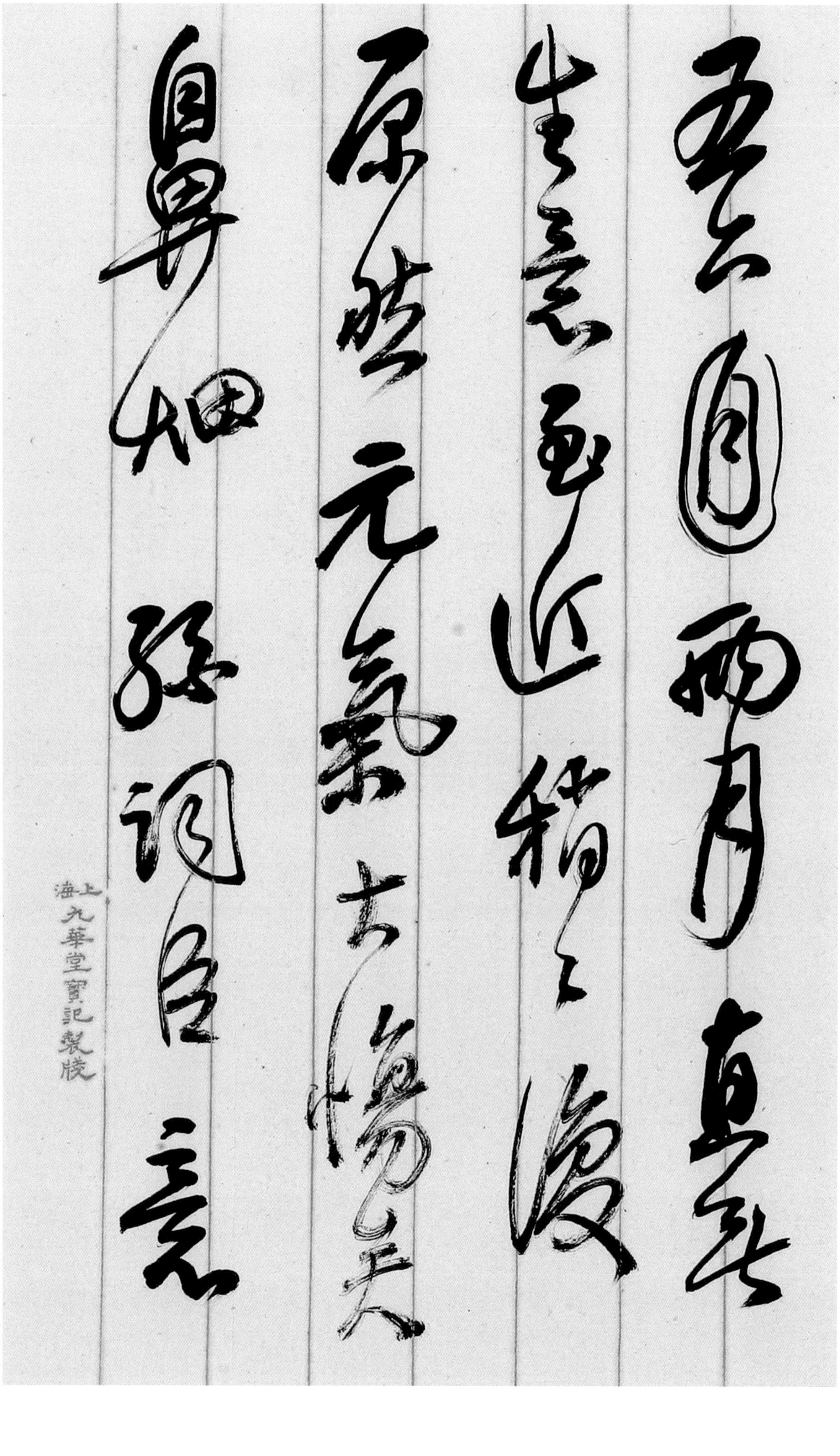

五六兩月直無生意，至近稍稍復原，然元氣大傷矣。鼻煙、孫詞臣意

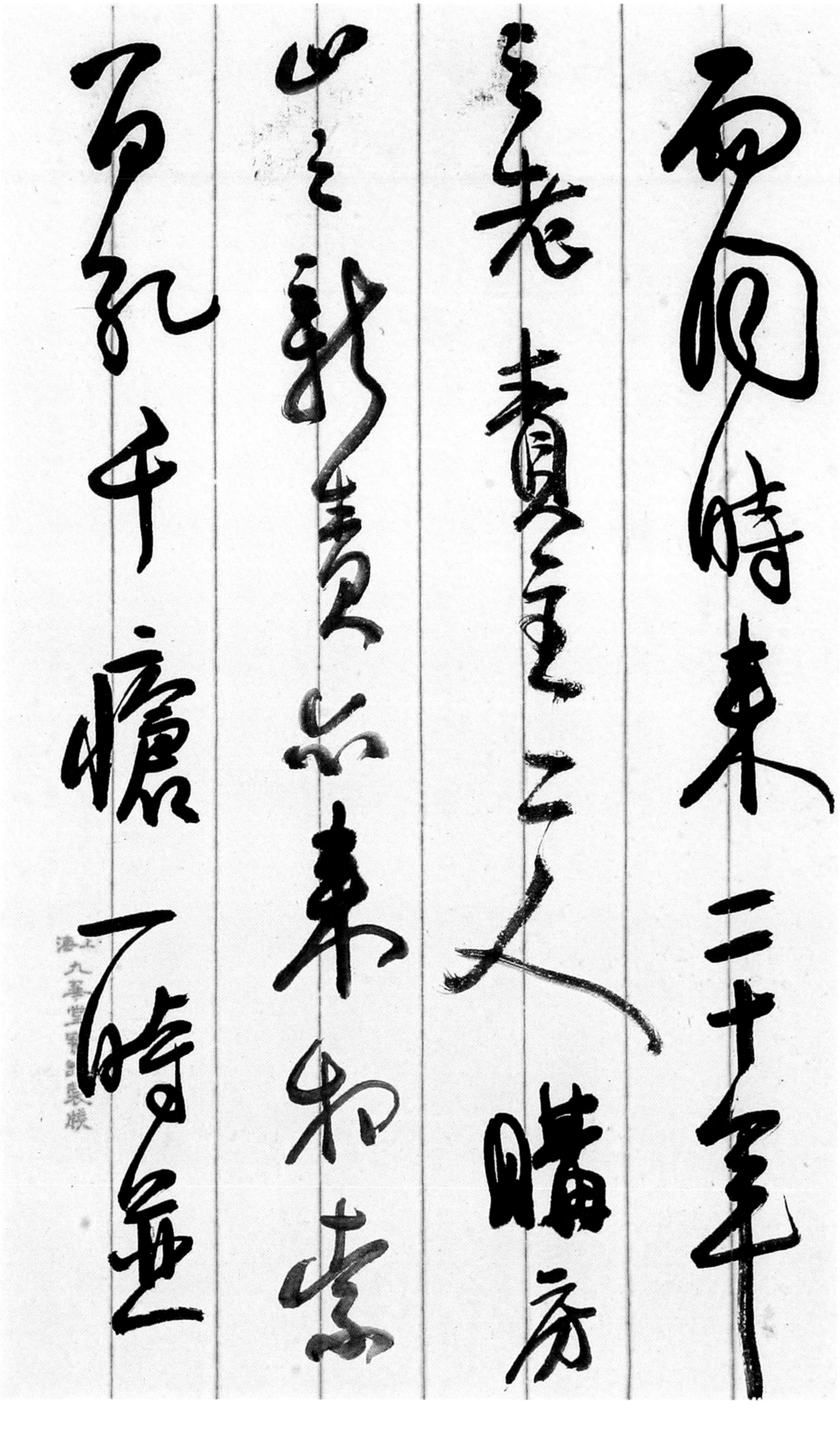

而同時來，二十年之老責主，二人購房山之新責亦來相索，百孔千瘡，一時并

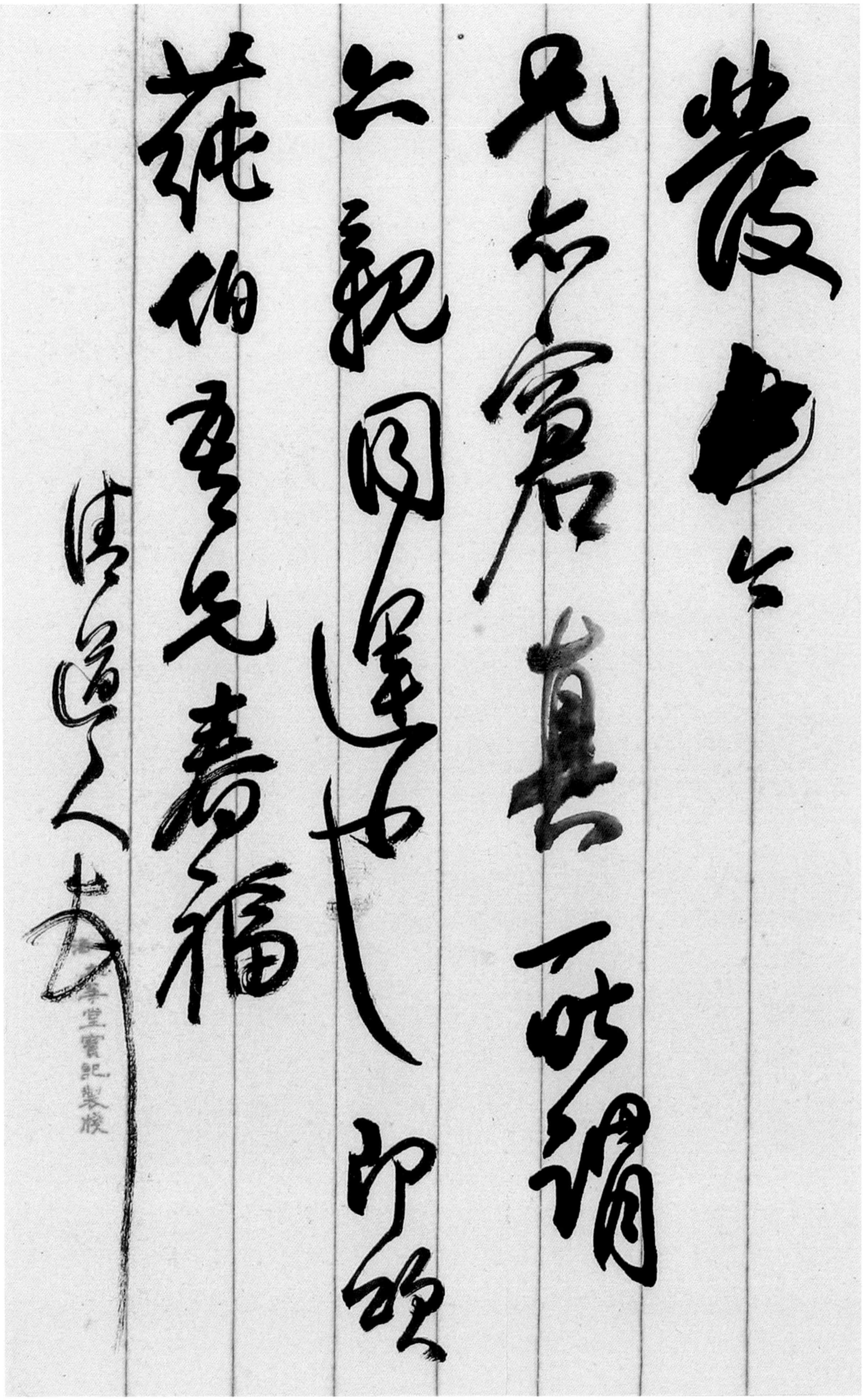

發，今兄亦窘，真一時謂六親同運也。即頌蒓伯吾兄春福。清道人頓首。

三九　致錢冲甫書

縱二六厘米　橫一六厘米

錢憮本耳，惲亦劣畫。石濤晚年古拙之筆，與清道人最合，何妨爲我購之，當臨一幅

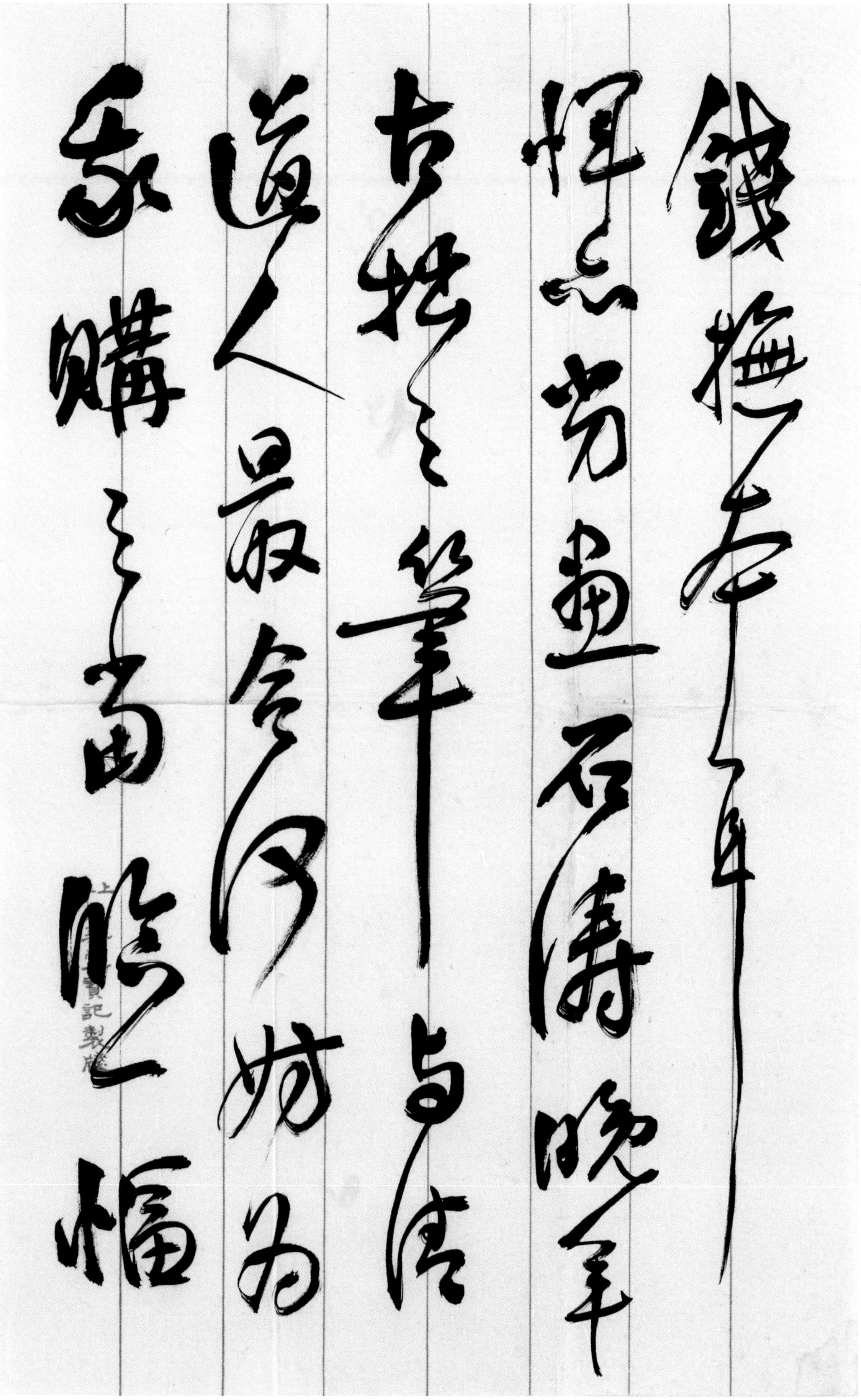
錢憮本耳惲亦劣畫石濤晚年古拙之筆與清道人最合何妨為我購之當臨一幅

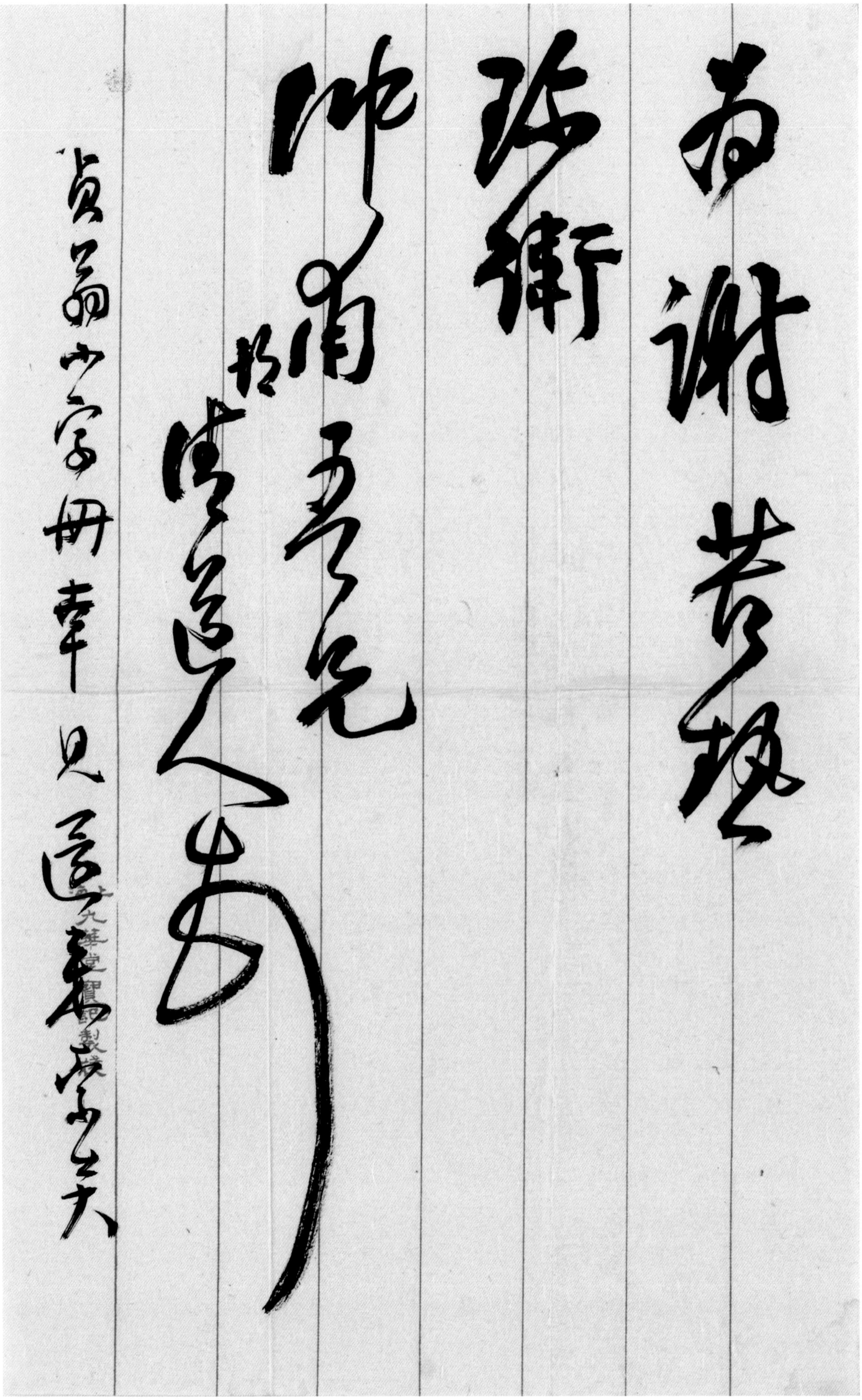

爲謝。苦熱珍衛。沖甫吾兄，期清道人頓首。貞翁小字册幸見還，來索矣。

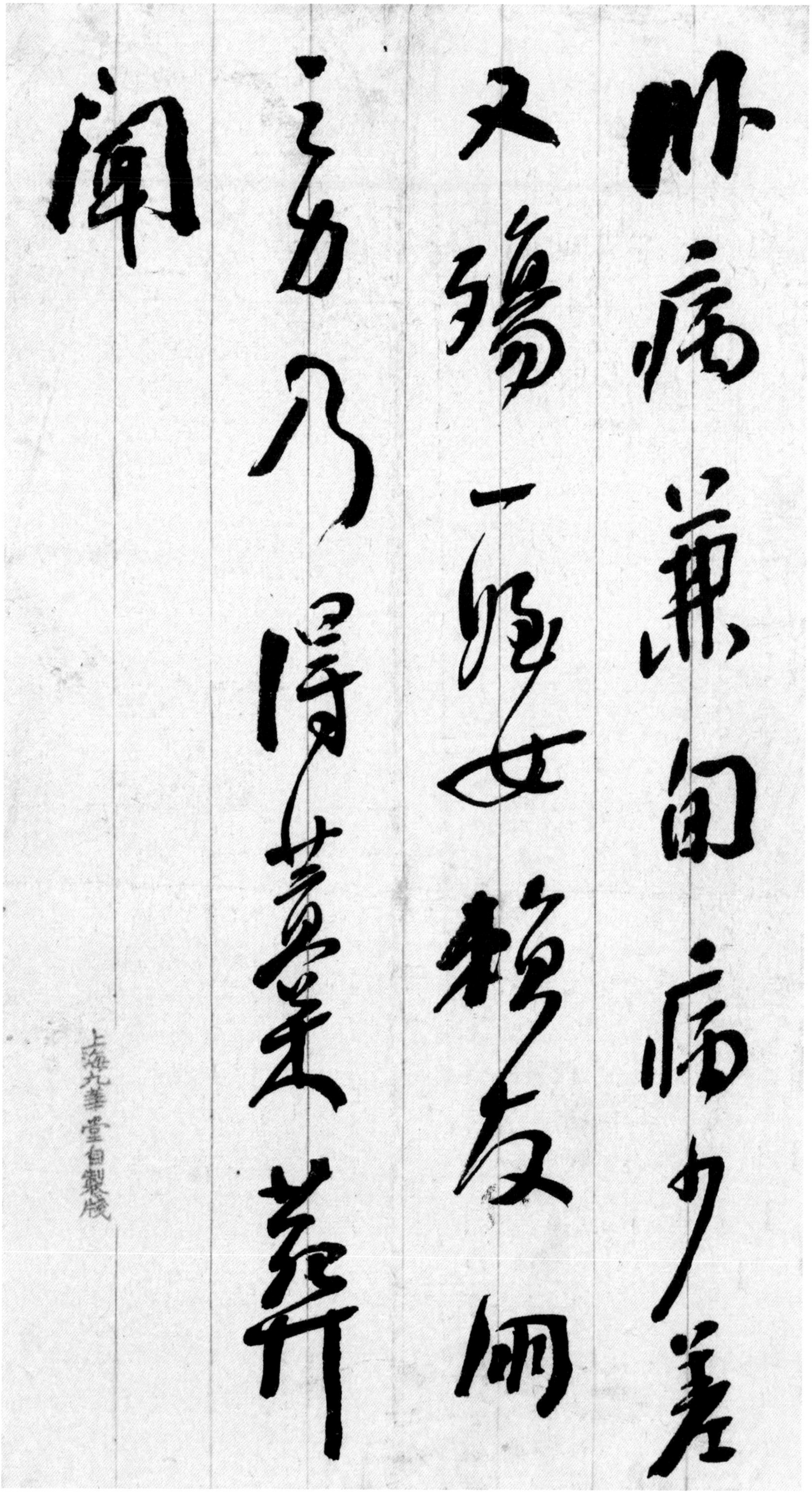

四〇　致梁鼎芬書　縱二三厘米　横一三・五厘米

臥病兼旬，病少差，又殤一侄女，賴友朋之力，乃得藁葬。聞

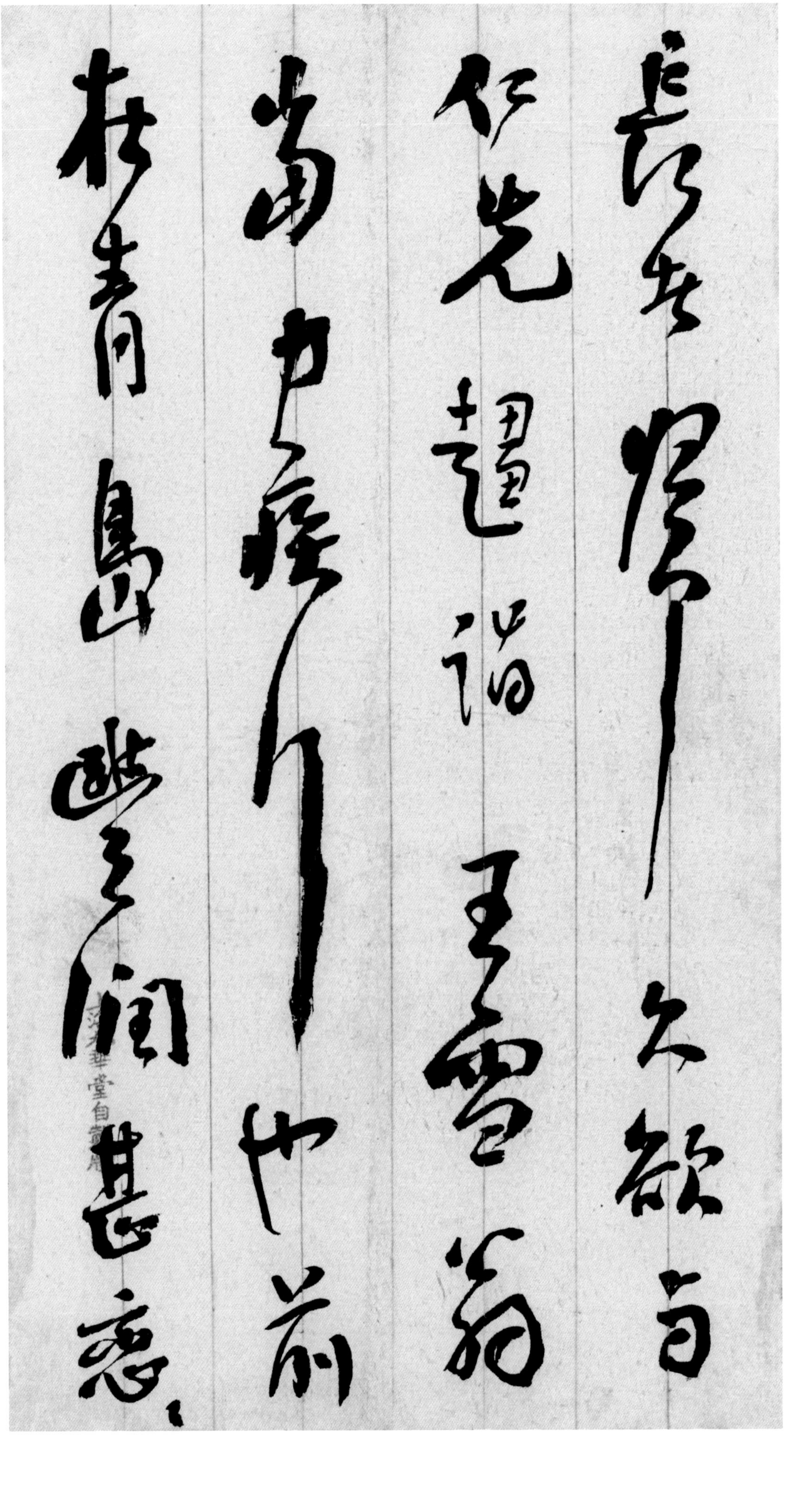

長者歸，久欲與仁先趨詣，王雪翁當力疾行也。前在青島豐潤，甚戀，甚戀。

有百金之贈，感之至今，愧負知己多矣。潛樓無消息，昨與九以

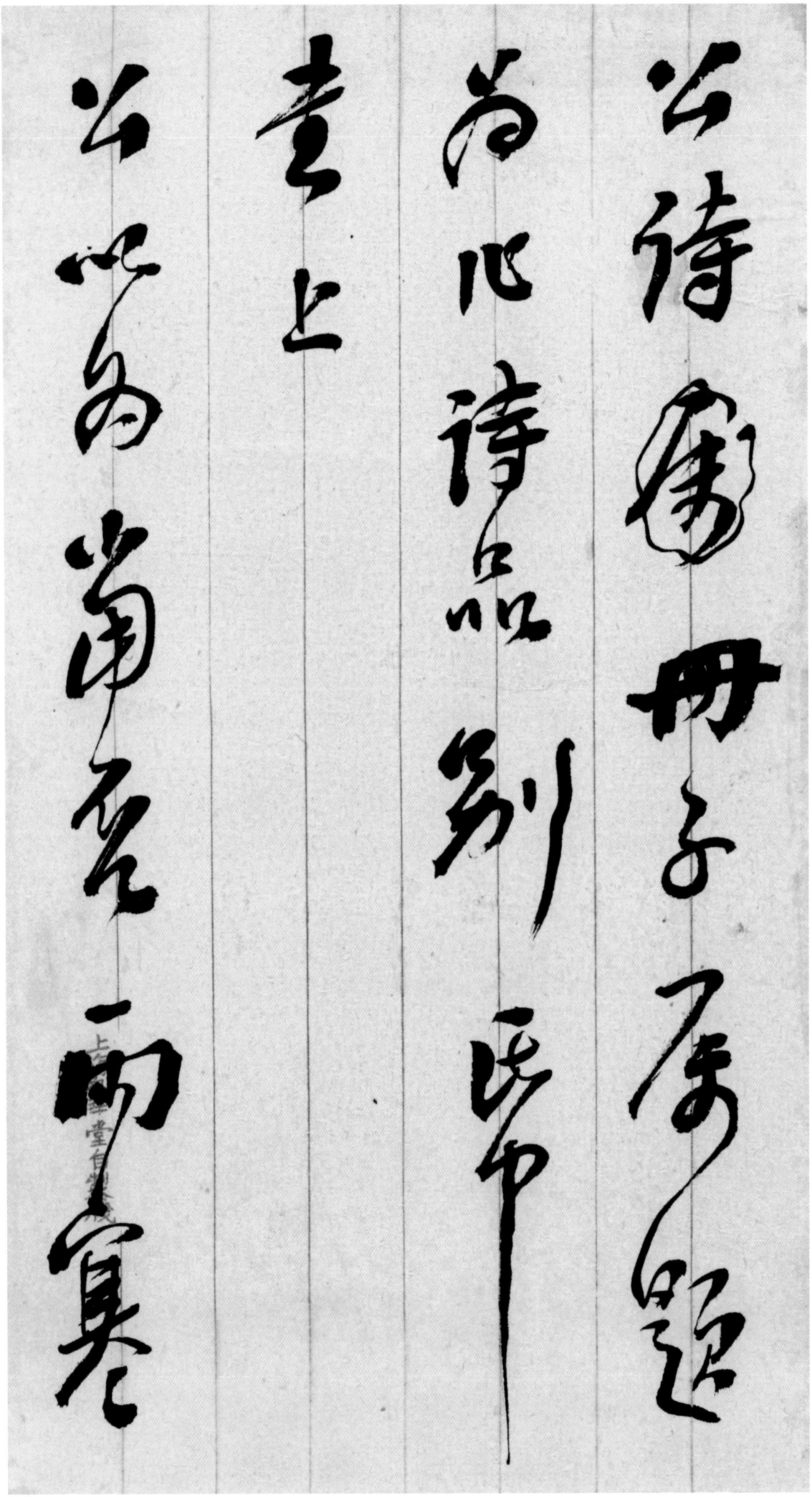
公詩册子屬題爲作詩品別紙書上公以爲當否兩寒

公詩册子屬題，爲作詩品，别紙書上，公以爲當否？兩寒

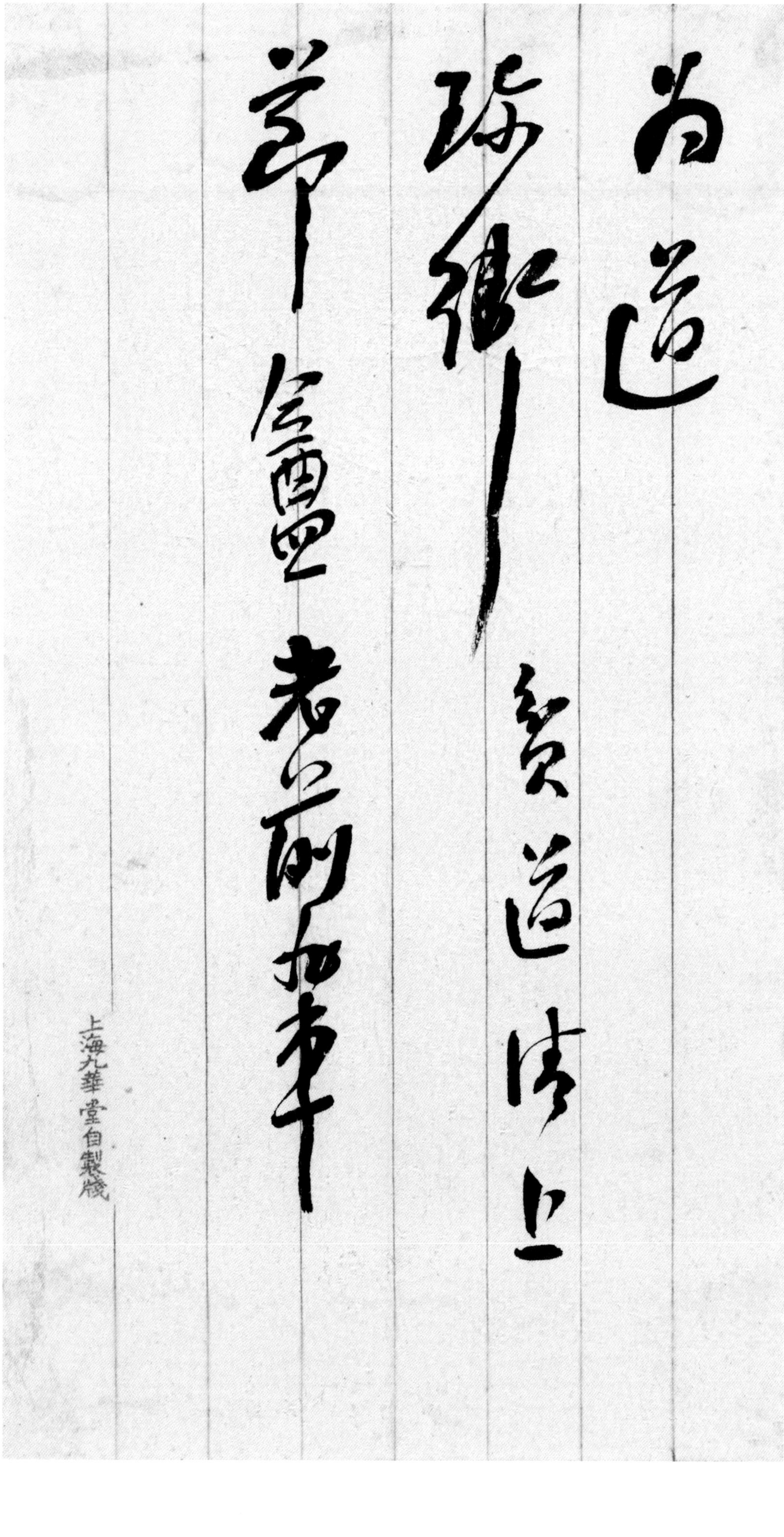
爲道珍衛
貧道清上
節盦老前輩

上海九華堂自製牋

爲道，珍衛。貧道清上。節盦老前輩。

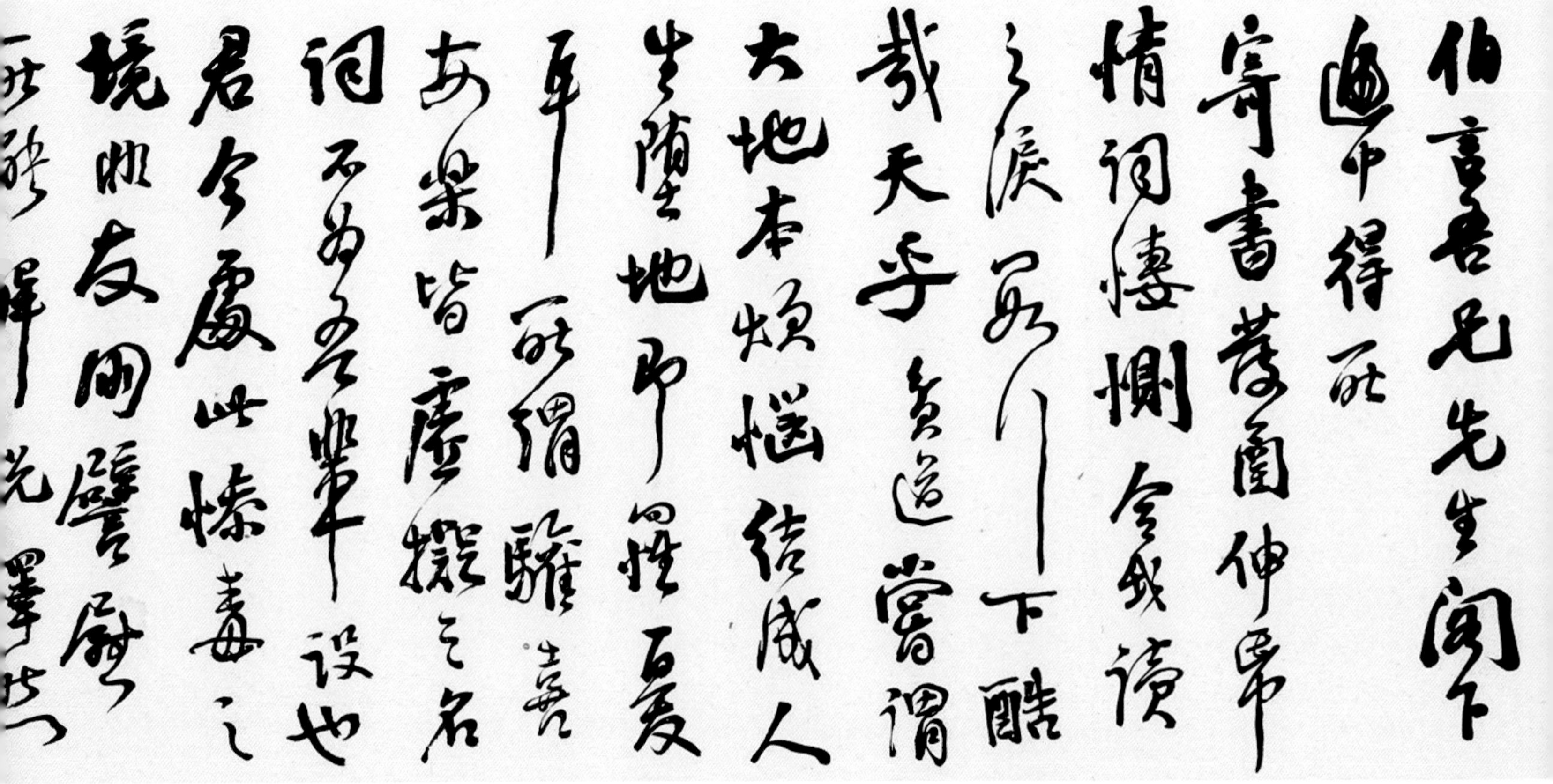

四一　復管祖式書　縱二五厘米　橫一〇八厘米

伯言吾兄先生閣下：遞中得所寄書，發函伸昏，情詞悽惻，令我讀之淚數行下，酷哉天乎！貧道嘗謂大地本煩惱結成，人生墮地即罹憂耳。所謂驩喜安樂皆虛擬之名詞，不爲吾輩設也。君今處此慘毒之境，非友朋譬慰所能解脱釋然。死者長已矣，其生者更賴君以生存，故不得不强自抑其哀思，以爲諸孤者寡者，地願毋感之也。張公已作書爲寧民請命，不得報。如有報，本擬到寧一行，以球我寧中父老子弟也。秋氣漸深，千萬珍衛。清道人頓首。

無負頼
君以生存故不得
不強自抑其哀思
以為諸孫營宅地
願無憾之也張公
已以書為寡民請
命不得報如有
報本擬到寡
一行以探我寡
中安否子亦也秋
氣漸深千萬
珍攝
生道人[illegible]

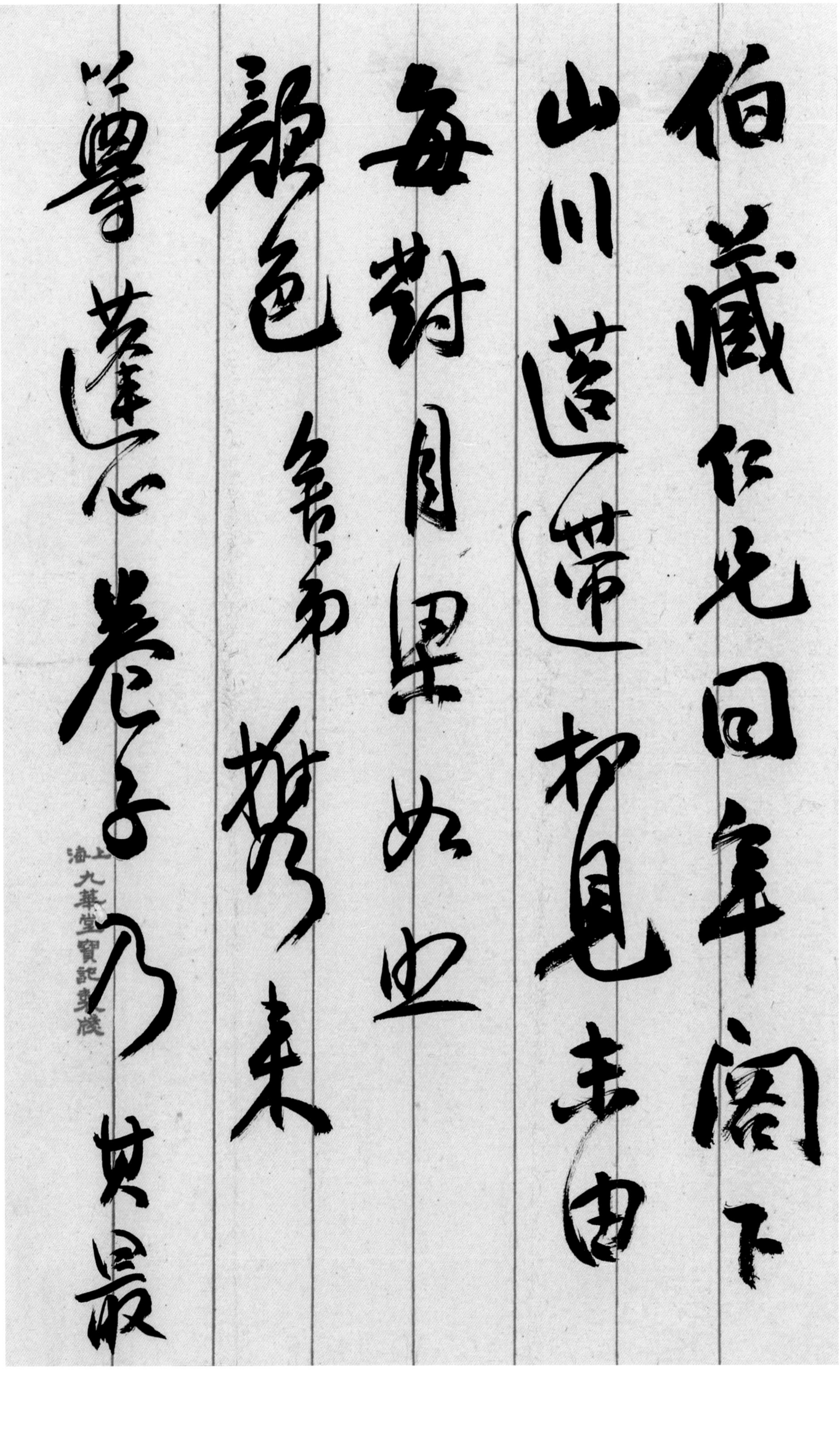
伯藏仁兄同年閣下山川迢遰相見末由每對月梁如照顏色舍弟攜來尊蓬心卷子乃其最

四二 致程學恂書 縱二六厘米 橫一五厘米

伯藏仁兄同年閣下：山川迢遰，相見末由。每對月梁，如照顏色。舍弟攜來尊蓬心卷子，乃其最

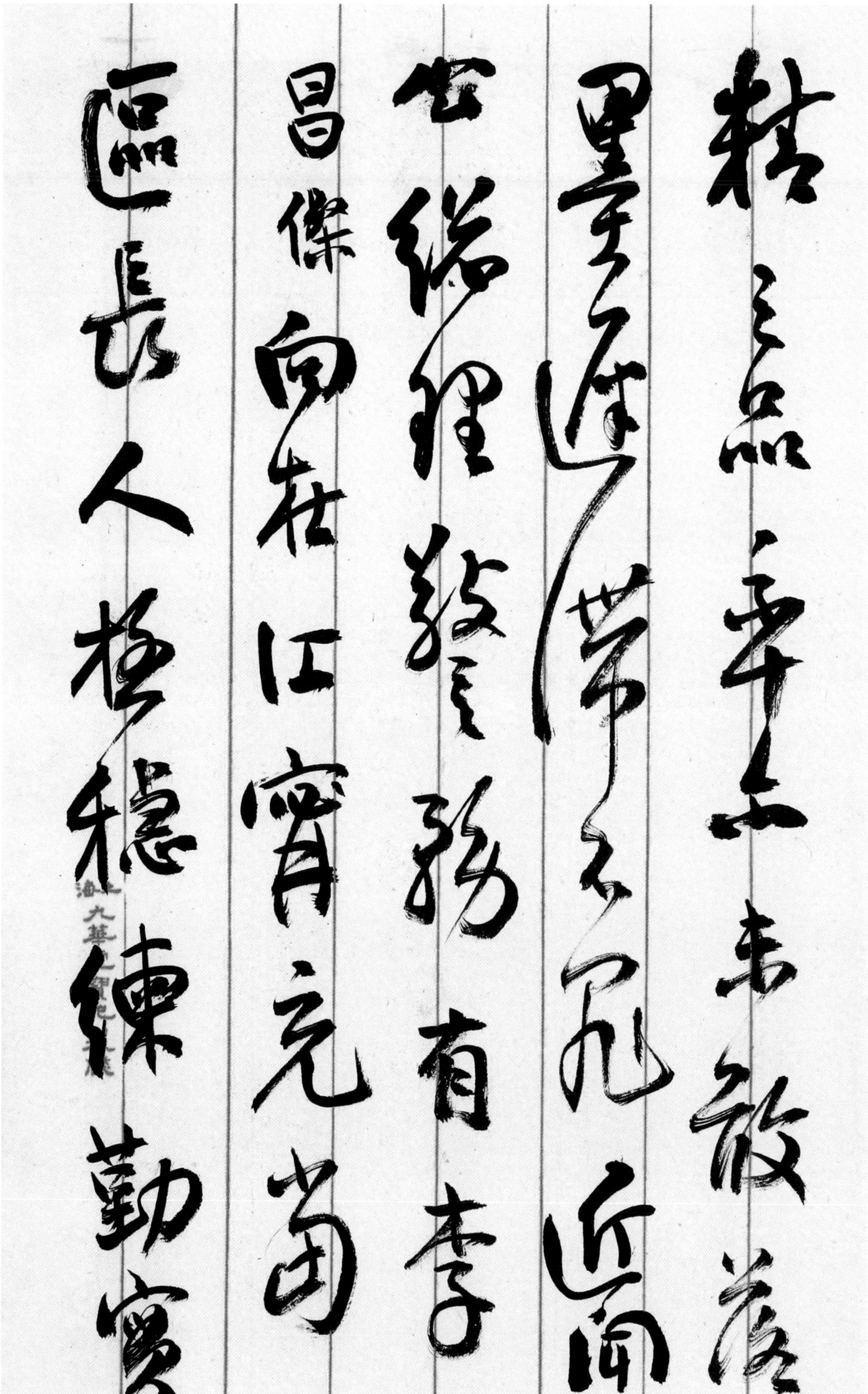

精之品。率尔未敢落墨，遲滯不罪。近聞公總理警務有李昌傑向在江甯充當區長，人極穩練勤實

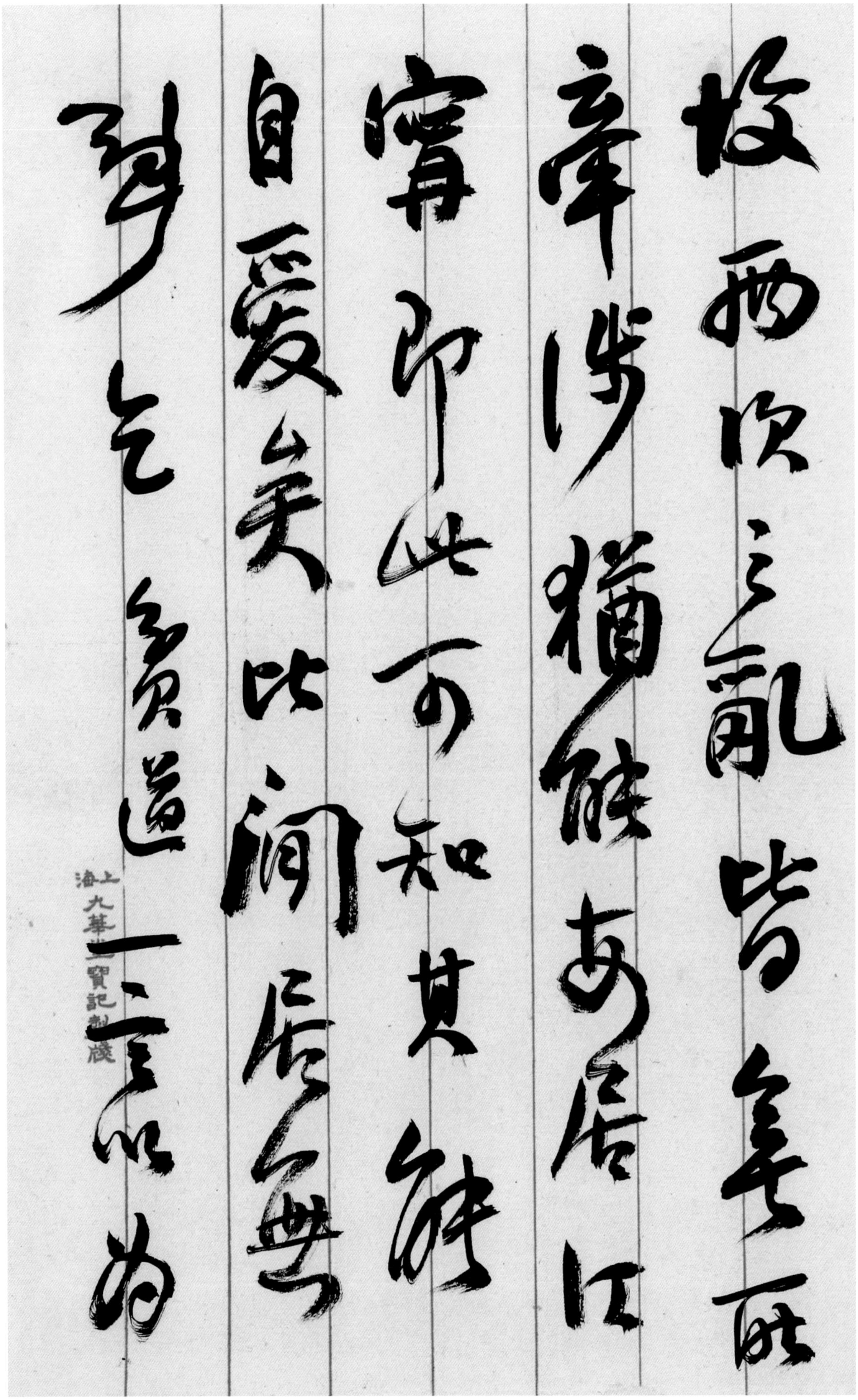

故兩次之亂，皆無所牽涉，猶能安居江寧，即此可知其能自愛矣。比間居無事，乞貧道一言以爲

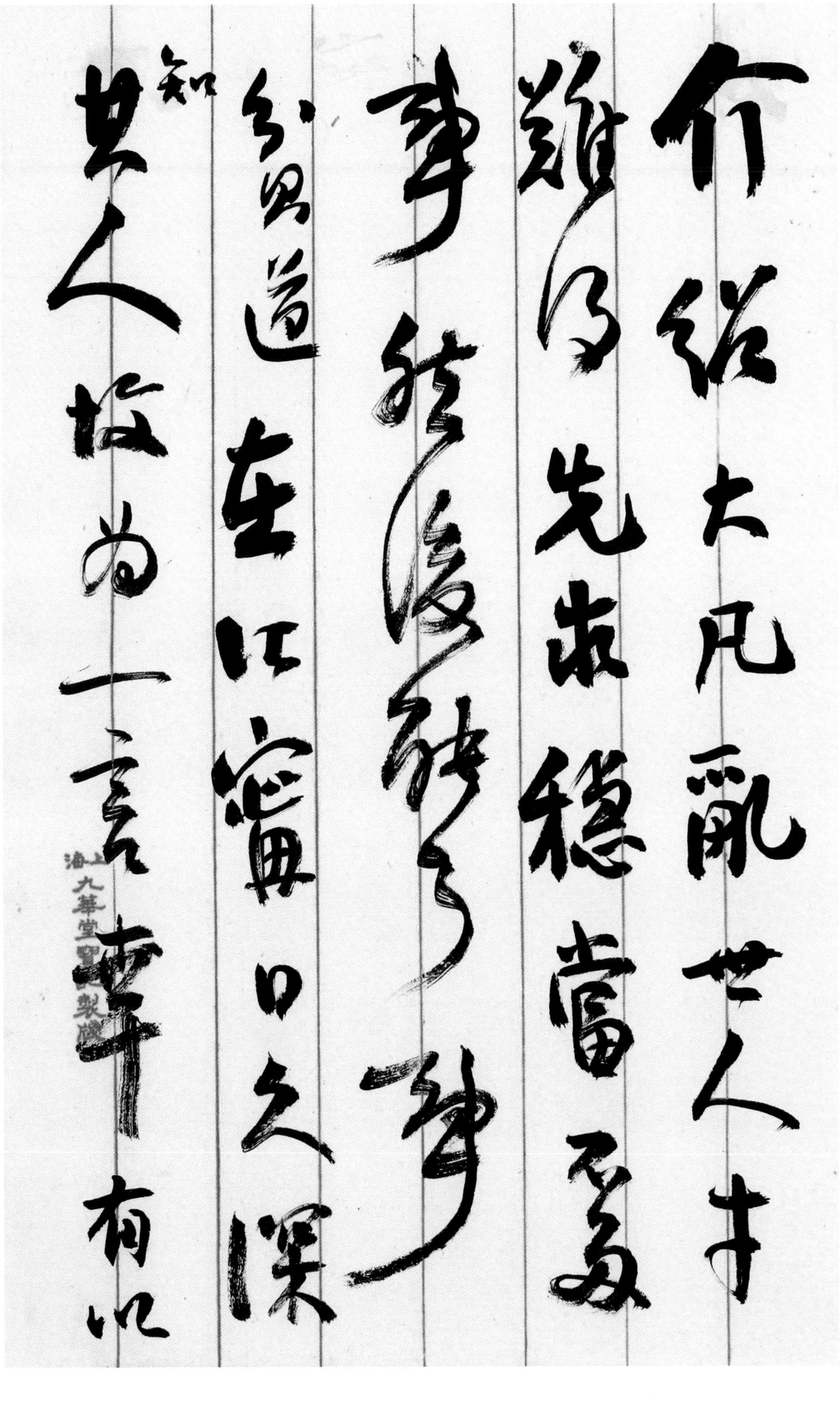

介紹，大凡亂世人才難得，先求穩當不多事，然後能了事。貧道在江寧日久深知其人，故爲一言幸有以

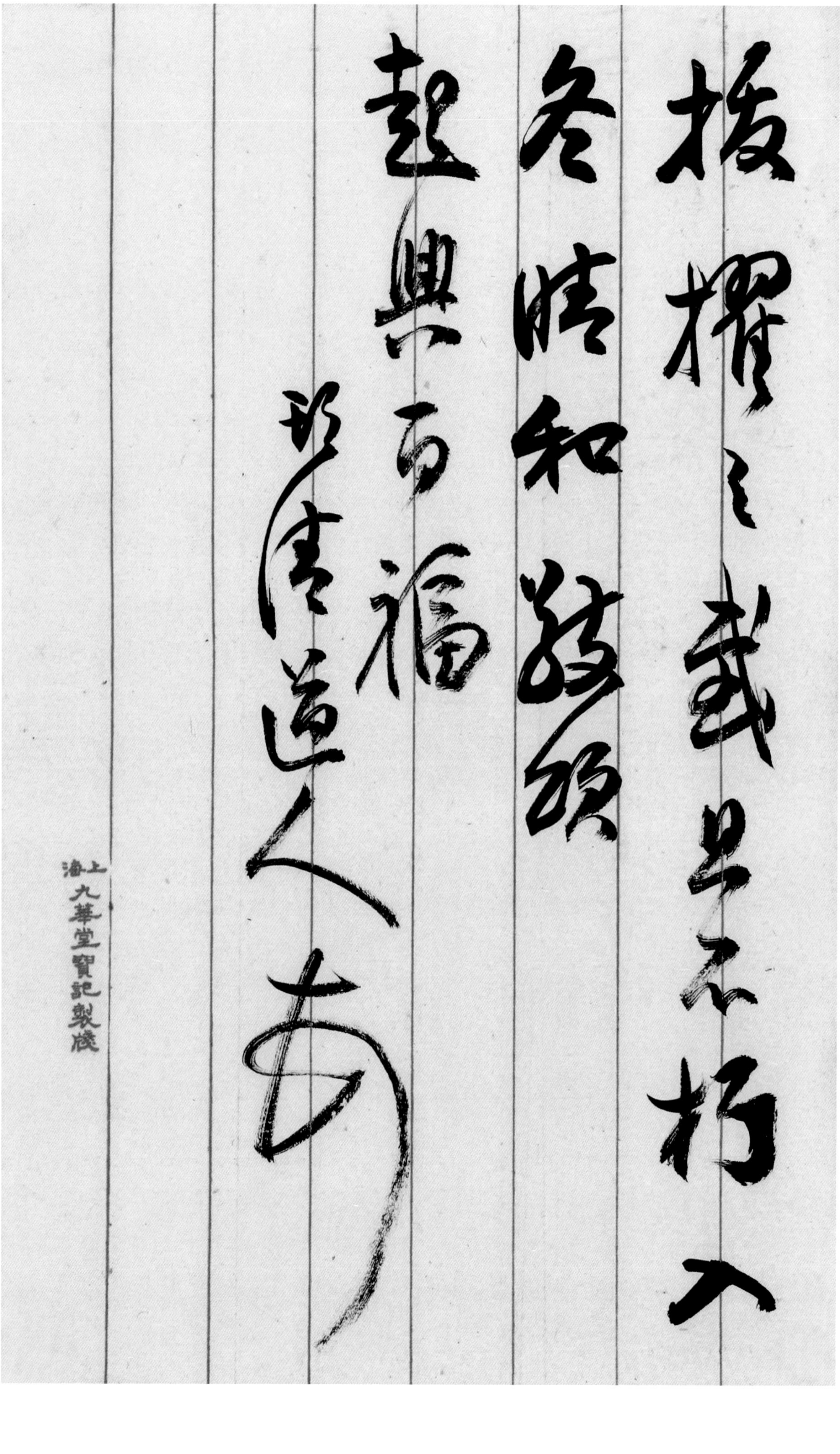

拔攫之感且不朽，入冬晴和，敬頌起興百福。期清道人頓首